此书是专为创业者写的
此书是专为小企业写的
此书是专为小企业的合伙人写的
此书是专为小企业合伙人如何合作写的
此书的目的是为了大家合作愉快

小企业内部管理——愉快合作

黄晓英 著

XIAOQIYE NEIBU GUANLI YUKUAI HEZUO

XIAOQIYE NEIBU GUANLI YUKUAI HEZUO

中国劳动社会保障出版社

图书在版编目(CIP)数据

小企业内部管理——愉快合作/黄晓英著. —北京：中国劳动社会保障出版社，2012

ISBN 978-7-5167-0043-3

Ⅰ.①小…　Ⅱ.①黄…　Ⅲ.①中小企业-企业管理　Ⅳ.①F276.3

中国版本图书馆 CIP 数据核字(2012)第 246255 号

中国劳动社会保障出版社出版发行

(北京市惠新东街 1 号　邮政编码：100029)

出 版 人：张梦欣

*

北京金明盛印刷有限公司印刷装订　新华书店经销

787 毫米×1092 毫米　16 开本　9.25 印张　135 千字

2012 年 10 月第 1 版　2012 年 10 月第 1 次印刷

定价：20.00 元

读者服务部电话：010-64929211/64921644/84643933

发行部电话：010-64961894

出版社网址：http://www.class.com.cn

作者自序

一直就想把心里的一些话写出来，一些关于小企业合伙人事情的话。

现在很多人在计划设立公司时，大都急急忙忙，寻两三个好友，找个地方，凑点注册资本，拷贝一份章程，商量一下大致股份比例，尽快通过注册登记，公司就开业了。

但是，不少公司在经营一段时间后，发现事情并不像预想得那么顺利和美好。在公司内部，合伙人之间好像是出现了一些问题，原本的好朋友关系也因此发生了微妙的变化。有的感到别别扭扭，有的出现争吵和矛盾，有的甚至反目成仇、对簿公堂。到最后，大家身心俱疲，心灰意冷，辛辛苦苦创立起来的公司也就因此生病或死亡。

对于这一现象，大家都不陌生，不少人都亲身感受。由于此类事发生太多，民间用“五同”的说法来形容其合作演变过程：开始时是“同舟共济”，“同甘共苦”；然后是“同床异梦”，“同室操戈”；最后是“同归于尽”。

据一则消息称，有人做过调查，被调查的人当中，有95%的人有过团队合作的经历，但是，其中有87%的人坦言自己的团队合作状态糟糕。

合伙人之间的合作是其中一种类型，据说，因合伙人问题产生的纠纷已占到民事案件的60%。

人与人之间的合作为什么弄不好？问题出在哪里呢？有没有一些解决的办法？

笔者也是从小企业起步，经商十余年。由于业务特点，亲身经历了大量这样的案例，看到无数的公司因此而解体，为此深感痛惜。

在当下社会，自主创业者首先都是有勇气的人，值得敬佩。尤其是一些初出校门的青年学生，一腔热血，不靠父母，不媚权势，省吃俭用，为实现自己的追求而吃苦受累。但是，他们并没有输在市场，而是倒在了内部纠纷中。创业者中还有一部分是中年人，他们一般都有思想、有能力、有胆量，敢于抛弃现有工作和稳定收入下海创业，让人崇敬和佩服。但是，就是这批优秀的人群，由于解决不好在合作中的种种问题，他们一般走不太远，不仅如此，就是在这短暂的旅途中，他们收获的不是财富，而是辛酸和眼泪。

据了解，解体的小企业中，成立时间不足三年的占了一半以上。

在我国的很多领域中，人与人之间的合作是一个不太好解决的问题。合伙人之间的合作不容易成功，也应该是一个正常的现象。

那么，能有一些解决的办法吗?

笔者也在这个过程中经历了种种磨难，同时，作为咨询公司的经营者，也因为业务的特点参与了其他企业合伙人的相关纠葛化解和矛盾救济。十余年来，笔者根据自身的感受，感悟出一些东西。在这本小册子中，笔者愿意试着谈谈自己的看法，以此见教于读者，期望能抛砖引玉，让更多的智慧和经验能够达于公众，让我们都能尽快地走出这个困境。

如何做到精诚合作，如何能使我们的合伙人每天都心情愉悦地生活和工作，如何让我们社会中最优秀的人实现他们的优秀从而让其他更多的人受益，让社会受益，这是有意义的工作，值得来做。

在此之前，我在一些讲座和一些会议上谈到了自己的想法，很多朋友在听了讲座、看了手稿后说：要是在办公司以前了解到这些知识和案例，处理好这些事情，我们的孩子（公司）就不会这样先天不足了，好朋友之间也可以处得更好一些。

朋友们的肯定更增加了我的责任心和紧迫感，让我感到亡羊补牢工作的重要和时不我待。

把我知道的、经历过的、悟出来的一些东西尽快地整理出来，给后来的人一些沟通、交流和建议，这就是我提笔写这本小册子的全部动机。

我是怀着虔诚的心情和尽力的心态来写这本小册子的，希望读者能从字里行间体会到我的真诚。

我原本不擅长文字，加上十几年的投笔从商，文字更显愚钝，但每听到一个朋友向我抱怨他的合伙人的不是，每遇到一个朋友告诉我公司走得很累时，我就感到要赶快说一些东西出来。尽管构思已做不到严谨，层次也无法清晰，语言也不再流利，但还是想快点说一说。

由于积淀和悟性的不够，由于水平和能力的不足，再加上匆匆的心态，可能导致这本小册子会出现诸多不足，请读者见谅。

本人的观点历来比较特立独行，与很多人不一样，在机关是这样，经商是这样，如今说话也仍然是这样。书中有很多观点可能得不到广泛认同，这是正常的。

在现代社会中，除了公俗良德的基本标准还有好恶之分以外，更多的事物没有对错一说。在众说纷纭中坚持自我，表达自己，博采众长，是文明的。

见谅。

我告诉出版社，希望它的价格不要太贵。因为我只是希望让想买它的人，尤其是让创业的青年学生能买得起，我希望这本小册子能让他们少走一些弯路。

黄晓英

2012 年 10 月

前言

与其他类似的书相比，这本小册子有以下的特点：

第一，只针对私人企业中的合伙人。

一般的创业书虽然都是针对私人企业，但是包括各种形式的私人企业，如独资的、家族的、合伙的，还有夫妻店。本书只针对合伙人，而且是小企业的合伙人，是小企业初创时的合伙人。

目前受《公司法》和其他相关法规调整的企业类型很多，也有各式各样的合伙人，本书只涉及完全由自然人组成的小企业合伙人，而且这些合伙人中，相互之间没有婚姻和血缘关系，是纯粹意义上的陌生人。同时，其中大部分人没有开设公司的经历，或者其开办的公司刚成立不久。

第二，只讨论内部问题。

一般的创业书都以如何经营公司作为主题，但是论述的问题很多很广，既有内部问题，如股权、管理等，也有外部问题，如市场、项目、经营策略等，而本书只讨论内部问题，只讨论与合伙人权益有关的问题。

第三，讨论重点放在合伙人创业前的准备阶段。

一般的创业书论述公司创设的过程，大都从公司注册开始写起，把重点放在如何经营好自己的公司。本书却把重点放在公司设立前的准备，包括思想准备、法律准备和其他相关准备上面，特别是思想准备和法律准备。创办公司就像孕育孩子一样，准备工作必须开始在受孕前而不是出生后。

所以，这本小册子讨论的是公司创设前的准备，而不是公司设立后的经营。

第四，强调在章程之前先签订合作协议书是本书与其他书的重大不同。

一般的创业书没有强调合作协议书对设立公司行为的重要，大多数创业人用于设立公司的法律文件都仅限于公司章程，而本书却要求合伙人在订立章程之前要先签订另一项法律文件，即合作协议书。

第五，对科技型公司的技术合伙问题做了专门介绍。

一般的创业书，很少有专门涉及科技型合伙问题的，本书对此有专门讨论。

无形资产中的知识产权资本化、资产化问题是一个普遍的难题。专利权人、专有技术所有人以及其他无形资产拥有人，对如何用技术等资产入股、如何在公司经营中保护自己的权益、如何既保有所有权的完整性又能使相关技术能持续进步等常见问题有很多不甚明了。本书结合案例，对相关问题一一作了介绍。同时，还为读者提供了科技型公司在技术入股方面的协议、规则等参考范例。

第六，讨论细节是本书的特点。

本书讨论的问题是小企业中遇到的小问题和小细节，有的甚至很枝节末叶。但是，大部分的小企业都是因为忽视了对细节的重视和处理，才导致了全面的失败。

魔鬼藏在细节里，细节决定成败。

第七，本书与名人无关。

一般的创业书多是写名人的事情，或者是名人写自己事情，有时使读者觉得距离自己太远。本书既不是写名人事情的，也不是名人写的，是共同关注者之间的分享。

第八，提供了相关的解决方案、案例及简要规范。

一般的创业书提出问题的多，展示失败的多，但提供解决方案的少。本书提供大量的案例和范本以供参考，同时还为小企业提供了初期管理可以参照使用的基本规章制度。

公司一经设立，就是一个完整的法律主体，不分大小，都要五脏俱全。小公司因为刚成立，人少资金少，不可能专人专职。因此，遇到复杂的劳动力聘用管理、成本控制、办公秩序维护等诸多具体问题时，感到十分麻烦和难办。轻者造成内部混乱，影响效率；重者往往引起合伙人之间的不协调以致误会。还有的因此触犯法律酿成大错，致使公司刚起步就夭折。为此，本书提供了一些具体的操作建议和文案，以期对初涉公司的合伙人有所帮助。

第九，提供了关于公司设立的主要环节及各项收费标准。

创设公司，除了思想准备、法律准备外，还有资金准备。为了帮助读者了解我国创设公司需要的基本费用，做好预算准备，本书以 2012 年北京地区的费用标准为参照，给出了相关的收费目录；同时，还为读者介绍了公司设立需通过的政府管理环节，以及公司经营过程中需缴纳的各种税费目录。这在其他书中也是不多见的。

本书中涉及的概念解释如下：

第一，本书使用的合伙人（或股东）概念，是特指中国有限责任公司中的自然人股东，与本国法律中普遍使用的该概念有区别。

第二，本书讨论的合伙人（或股东）是指在有限责任公司中担任股东，既投入资金，又投入劳动参与管理的一类人，与只投资而不参加管理和经营的另一类人有区别。

第三，本书中涉及的有限责任公司，仅限于由无血缘关系的自然人组成的有限责任公司，不包括夫妻店、家族公司、一人公司、外资公司和任何其他形式的有限责任公司。

第四，本书讨论的作为合伙人的自然人，是最大众的一般人群，这些人没有任何特权和超经济的背景，同时，在公司的经营中也遵循一般市场规律，不依赖超经济手段或其他不道德手段。

第五，本书讨论的小企业，是正处于初创阶段和成长期的一类公司。

目录

第一部分　公司设立前

第二部分　公司设立中

第三部分　公司设立后

第四部分　关于科技型公司的技术入出资问题

第五部分　相关案例附录

第六部分　开办公司的基本费用、程序和税率标准

第七部分　内部事务管理文案

第一部分

公司设立前

当你想投资办公司时，最先考虑到的问题是什么？

很多人一定首先想到资金问题、项目问题、市场问题甚至是公司的注册地址等问题；很少有人会考虑到自身和内部的一些问题，例如如何评估自己、如何找准自己的定位、如何学习新知识、如何甄选合伙人，以及如何构架公司内部组织体系、如何制定“游戏”规则等问题。

其实，内部建设是比外部运作更为重要的事情，只有向内做好自己，才能向外走得更远。

内部建设好比一座大楼的地基，或一台机器的发动机，是属于本质的、核心的部分。做任何事，不管有多么有利的外因条件，都必须通过内因才能发挥作用，建设好内因，公司就成功了一半。

如何建设这个内因？具体应该有以下方面的工作：

一、认识自己

审视自己，是内部建设工作的开始。每一个人都有自己的特点，认识自己是做好每一件事的前提。正确认识自己的特质，对创业者判断自己是否适合做一个合伙人十分重要。

1. 评估自己是否具有相关特质

一般的成年人，经过家庭教育、学校培养和一些生活实践锻炼，都具备了一定的能力。这种能力体现为基本的知识、技能和经验，我们用这些基本能力适应社会的需求，解决生活的基本需要，维持自己的社会地位。这种能力应该是一个人具有的基本生存能力。

但是，作为合伙人，仅有上述基本能力是远远不够的，还需要具备更多的特质。

一个人在社会生产中，可以作为一个运行体系上的环节，也可以作为一个组织结构中的从属部分，但是，要作为体系中的核心部分，或组织结构中的发动机部分，就需要具备更强的能力。

一般情况下，我们把公司中的合伙人都看做是体系中的核心，或组织结构中的发动机部分。对从属部分来说，服从、熟练、严谨、与上下链协调、与左右板块配合等是这种职业的基本要求，只要具备了这些基本能力，一般都能适应工作和职业的要求。而作为合伙人，除了具备上述基本能力，除了可以看到的知识、技能和经验外，他还必须具备一些特质，而这些特质一般是看不到的，也不是文凭、资格证书等有形载体能表现的，它是人的潜在能力，是骨子里的东西，浸透人的思维和行为。

人的骨子里的东西有很多部分是先天具有的，而不像知识、技能、经验等可以通过后天获得，有些东西虽然也可以从后天获得，但需要通过较长时间的学习与修养。对这些内在的东西，人们称之为气质或特质。特质不以好坏做标准，而仅以是否适合为量度。

合伙人需要哪些相关的特质呢？

合伙人需要的特质有很多方面，但以下方面是最主要的：

（1）自信心

自信心是最重要的特质之一。合伙人是一个体系的核心，是一台机器的发动机，他必须认为自己是具有一定能量的，而且能够将自己的这种能量释放出来。有一种观点认为，自己说自己好不算，要让别人说你好才算好。这可能是一种谦虚，但是，如果自己都不能笃定自己的优势所在，都不能认为自己一定能成就一项工作，这不是谦虚而是没有自信。缺乏自信的人是没有力量的，内心没有力量的人遇到的困难总是很多，而且总是不容易战胜这些困难。自信的人外表可能赢弱，但内心强大；不自信的人内心软弱，一遇到事情总觉得自己不行，总觉得一定会失败。这样的人不适合做合伙人，不适合自己投资创业。

（2）有知识有智慧

有知识有智慧是又一项重要特质。创造财富是每个人都想努力做到的事情，但要完全依靠自己的能力，从大千世界中寻找发财的机会并把它变为现实，却不是每个人都能做到的。赚钱是一门高深的学问，这需要超常的知识和智慧。所以，有知识有智慧是合伙人必须具备的重要特质之一。

社会中有自信的人不少，但同时又具备知识和智慧的人却不多。

知识不等于文凭，智慧不等于歪门邪道。大学毕业的人不见得比初中毕业的人有知识，损人利己、雕虫小技也能挣钱，但想走得阳光和长远还得靠大智慧。

（3）敢担当

不管做什么事都有利有弊，开公司更是有风险。不管你多么自信，不管你多么有智慧，但事情不可能都一帆风顺，都会遇到这样那样的困难与问题。面对不利情况，坚持不放弃；面对责任和损失，担当不推诿，这是作为合伙人必须具备的一种重要品质。

遇到困难就往后缩，遇到责任就往别人身上推，这样的人不适合做合伙人。

（4）能换位思考

让别人发财，你才能发财；让别人高兴，你才能高兴。合同的签订不是双方争取的结果，而是双方让步的结果，这是合作成功的秘诀。作为合伙人，你不是独资企业的老板，你不能只顾自己。你在追逐利益时，如果只考虑到自己的感受，忽略了别人的利益，那你不可能赢。只习惯为自己打算，只为自己利益奋斗的人不适合做合伙人。

从上述介绍可以看出，合伙人是一种特殊的职业，需要特殊的品质，不是谁都适合当老板。好学生、好干部、好军人、好工人、好职员，甚至好领导，不具备上述特殊素质，都不适合做合伙人。

2. 判断自己是否具有足够的精力

要从事合伙人职业，还需要有一个前提条件，那就是要有全天候上班的准备，要有全身心被消耗的准备，要有付出全部精力的准备。

合伙人是个辛苦的职业，没有任何外援和支撑，完全依靠个人的智慧、谋略、劳动来生存。尤其是在公司设立的最初阶段，工作强度最大，风险也最大，最需要有足够的精力、体力和时间的投入。

合伙人可以没有固定的上下班制度，似乎很自由；但从早上一睁眼到晚上睡下来，合伙人都可能在不停地工作，有时做梦都是公司的事情。

合伙人可能有挣钱的未来，但是距离目标实现有着较为漫长的过程。在此期间，没有人给你发工资，没有人为你上保险，也没有人弥补你的损失。一句话，没有人为你的生存负责，你没有任何保障。顺利度过这个过程，你或许有光明的未来；反之，你就可能前功尽弃，赔掉钱财、精力、心血甚至一生。所以，处于这个过程中的合伙人，必须全力以赴。

尤其是面对目前残酷的现实，合伙人必须有充分的思想准备。合伙人的企业不仅不能亏损，还必须有盈利，否则无法生存；节假日、黄金周别人可以度假，但合伙人不行，尤其是正处于创业中的合伙人。假期中人虽然可能不在公司，但思想仍在工作。这是一个全天候的职业。

最后，万事开头难，创业初期的合伙人是最累的和最难的，需要付出的精力是最大的。

综上所述，合伙人事业具有极大的劳动强度和风险系数，正是这种特殊性，要求合伙人必须要对该项职业的劳动强度有充分估计，必须要对自己能否全身心投入做充分准备，必须要对自己是否有足够精力做出充分评估。

有不少不成功的合伙人，其中有一类就是并没有准备为此付出足够多的劳动。他们名义上为某公司合伙人，但实际上是没有时间的，或者说没有真正投入精力。他们一般把公司当成第二职业，没想太投入，只是想捞点外快贴补家用。他们一般投点钱或帮点忙，占一点小股份，但是，对公司的业务打理基本上不操心。

有这样想法的人最终是做不了合伙人的，他们实际上是一种“参与人”，而不是真正意义上的合伙人。

一份投入，一分收获。要想不操心地去当合伙人，一般的结果会是两种。第一种是你被公司边缘化，最后彻底当不了合伙人；另一种是公司被你边缘化，最后彻底成不了公司。

建议没有上述准备的人，不要去做合伙人，免得你难受，也免得让别人难受。

没有时间，又想以兼职方式投资的人，或者是有投点股份玩一玩想法的人，如果你一定要想做合伙人，那么，你要做好两种准备。一是在公司不顺利时，要无条件承担各种风险；二是在公司发展后，你却可能被淘汰出局。因为初期的小企业虽然需要合伙人的资金和其他资源投入，但更需要全体合伙人的全部精力投入，而后者是公司能否顺利长大的关键因素。这个问题看似无关紧要，其实非常重要，很多的纠纷和误会都由此引起。

最后要强调的是，从事合伙人职业并不仅仅是你一个人的事情，它还牵涉你的家人，公司的经营可能成为你家庭生活的组成部分。这种对家庭成员的“绑架”绝不出自于你的主观故意，但一定是客观必然。每一个合伙人都要充分意识到这一点，并做好思想准备。

3. 分析自己是否具有学习商知识的兴趣和能力

首先，要认识到学习商知识是十分必要的。

从事合伙人职业，与朋友一起投资创业办公司，从表面上看，似乎就是一个工作选择，但实际上已经进入了一个新领域——商领域。

与任何一个领域一样，商领域也有自己独特的知识、语言和规则。

要进入商领域做合伙人，必须具有学习该领域知识的兴趣，并具备掌握这些知识的能力。商领域有它自己的独特语言，有着较强的专业性。尽管你已经是一个行业、或一项技能的专家，但是要做合伙人，投资创办公司，还必须学习新的知识，掌握新的规则和技能。不论是刚毕业的大学生，还是年富力强的专业人员，都面临再学习的问题。

正如前面所提到的一样，合伙人是一种高层次职业，需要独特素质；同样，商领域也是一种高层次的领域，需要较高层次的知识。

需要强调的是，商领域的知识包括技能和非技能两个部分，技能知识可以在学校里获得一些，但非技能的知识却基本不能在学校里获得，而要通过实践来学习和完善。在任何学校里，没有专门的“合伙人”“老板”课程设置（但有经理人课程设置)。这可能是因为合伙人行为科学的特点所致，合伙人要处理的关系是相对独立、权利义务平等的自己与伙伴人的关系，不同于经理人处理的是照章管理下属的关系。因人而异的公司、因人而异的组合、因人而异的规则等，往往表现出极大的独特性、综合性和复杂性。而这些无法用标准化的教程来规范和授课，所以商领域中的非技能知识要更多地依赖实践中的感悟和经验来学习。

做合伙人就如同做父母一样，创办公司也就犹如孕育孩子一样，两者都是容不得重来的实践，两者也都是没有统一标准可循的事情。两者都是创造人的事业，只不过前者创造的是自然人，后者创造的是法律上的人。前者的失败可能会影响一个人的一生；而后者的失败除了影响一个人，它还可能给不少的人带来财产、资源、亲情和友谊等方面无可挽回的损失。

为了优生优育，父母对育儿知识的学习从孕期就开始了，或者甚至从受孕前就开始了，为的是首先生一个健康的宝宝，然后再进行健康的养育；创办公司也一样，合伙人也要从策划阶段就开始学习相关“育儿”知识，力争做合格的父母，首先“生下”一个健康的公司来，再进行健康的经营。

其次，要了解哪些是商领域的基本技能知识。

前面已经提到，进入商领域，需要学习和掌握该领域的基本知识，其中，一些技能知识是可以通过书本学习到的。

商领域涉及的技能知识是多方面的，不可能在此一一列举，但是有一些是基础性的技能知识，应该对它们给予足够的重视并认真学习。基础性技能知识包括：

财务方面的知识。学会算账应该是学会赚钱的首要知识。这里的算账不是家里的流水账，也不是数学课上简单的加减乘除，而是关于投入产出行为的财务知识体系。这些财务方面的知识一般应包括会计、审计、统计、资产管理等方面的基本知识。

法律方面的知识。市场经济是法制经济，所有的行为都要受法律规范的调整。一个小小的有限责任公司，其运行涉及的法律规范不仅有法律，还包括各种法规、规章及政策性规定。如果光有守法的意识，而不掌握具体的基本规定，公司的运营就会时时处于危险之中。这些基本法律包括《民法通则》《合同法》《公司法》《劳动法》《税法》《商标法》《专利法》《会计法》等等。

其他相关的知识。包括投资、银行、金融、贸易（含进出口）等方面的基本知识和技能。

有的人认为，不懂财务可以靠会计，不懂法律可以靠律师。这种认识是不正确的。会计、律师作为专业人才可以为你提供服务，但是，不可能为你做主。如果你不懂得基本的知识，你就无法使用专业的服务，也不可能有效监督专业人员的工作，更无法判断你购买的专业服务是否真正保障了你的利益。

你可以不是专家，但你起码要了解和掌握相关的基本知识。可以不是“行家”，但起码是“里手”，这样，你对问题才能具有基本的判断能力和决策能力。

当然，商领域的所有知识也不可能一下都全面学会和熟练掌握，这需要一个渐进的过程。重要的是要在思想上对此有正确的认识，并要坚持不懈地学习。

最后，要分析自己是否具有学习商知识的兴趣和能力。

人的特质不相同，对事物的兴趣不一样，掌握知识的能力也有差别。如果你天生抵触和反感数字，天生抵触和反感规则，或者经过努力也搞不懂这些令人头疼的东西，那你千万不要从事合伙人的职业，你不适宜在商领域做这样的事情。如果勉强为之，你每天会不愉快，而且会遇到很大的风险。

从以上讨论的内容可以看出，不是每个人都适合开公司，不是每个人都适合用开公司的方式创业，不是每个人都适合当合伙人。要根据自己的特点做合适的事，才是获得事业进步的前提。

二、选择合作者

选择适合自己的合伙人，或者说，合伙人之间的相互认可是办好公司最重要的前提之一。

前面已提到，一般的人在投资创办公司时，大都会找两三个好友，凑点资金，找个地方，办个登记，以最快的速度开业。其实在这匆匆当中，祸根已经埋下。

祸根一般不出在资金、注册地址或其他方面，而最容易出现在“两三个好友”之中。

在一些案例中，创业时期的“两三个好友”很多演变为后来的仇友，甚至死对头。这其实不是朋友变坏了，而是在别的方面出了问题。

其中，合伙人的选择就是容易出问题的一个环节。

合伙人之间的相互选择就是要解决这“两三个好友”是否是合适的做生意的好友，是否是能长期合作的好友。

如何选择合伙人？这是每个准合伙人都会面临的问题。

合伙人的选择应该考虑到以下方面：

1. 具有普世的道德标准是必要和充分条件

道不同，不相为谋。

普世的道德标准是做人的基本准则，是一个人立足这个社会的基本要求。如果对什么都没有敬畏，没有做人的良心和道德，是无法与别人相处的，更不可能在一起从事涉及利益方面的事情。

普世的道德标准在不同的地方有不同的表现，很难准确地列举出所有的种类。

有人列出了以下十大道德缺陷，认为具有以下道德缺陷的人不适合做合伙人：

(1) 不孝敬父母的人。

(2) 对婚姻不忠诚的人。

(3) 爱撒谎的人。

(4) 搬弄是非、挑拨离间的人。

(5) 造谣诬陷别人的人。

(6) 爱占便宜的人。

(7) 当面说瞎话的人。

(8) 凉薄自私、不善待弱小的人。

(9) 为了利益敢骂人打人的人。

(10) 阳奉阴违、口是心非的人。

有良好道德的人不见得能做合伙人，因为合伙人还需要其他方面的素质；但是，没有良好道德的人却一定做不了合伙人，尽管他其他方面的条件都具备。

所以，合伙人应该首先是君子，君子之间才有可能谈合作。

2. 相似的修养习惯对于合作成功十分重要

修养习惯与上述的道德标准不是一回事，两者有着本质的区别。一般说来，修养习惯没有好坏之说，只有差异之别。

实践证明，修养习惯乃至性格脾气相合或相似，是合作顺利的重要因素。

合伙人之间产生矛盾的原因不是因为朋友变坏了，而多的是因为误会所致。

误会之所以产生的一个重要原因在于人们看待问题和处理事情的方法不同，而这种不同又多源于每个人的修养习惯和脾气性格方面的差异。

在生活中，大家都有这样的体验：与外人相处时，有的人让你感到很舒服，而有的人却让你感到别扭，其实，这就是个人修养和习惯产生的作用。

合伙是要长久在一起工作，理念相通，习性相仿对合伙人之间的健康合作十分重要。

有一个公司，初创时有5位原始合伙人，大家情投意合，相处十分融洽，后来，来了一位新的合伙人。新合伙人在能力、学历、资源、工作态度等方面，都堪称优秀，但是，相处一段时间后，大家总觉得有些别扭。其实也没有什么大事，就是新合伙人有一些习惯与原来的老合伙人不一样。比如，计算奖金时，总喜欢用计算器精确到小数点后3位数；再如，外出工作耽误了午餐时总是要求公司给予补助，帮助别人加班后会向当事人索要报酬，等等。其实，这位新合伙人的做法并没有什么错误，也没有什么不道德之处，只是原来的合伙人对这些“小利”并不计较，他们更愿意享受利益之外相互帮助的感觉，也不在意比别人多做一点或少得一点，这是他们这个层次的修养与习惯。

修养与习惯不同的个体在一起共事时会使对方产生不舒服的感觉，时间长了，相互之间会有不断扩大的裂痕，并且很难修补。因为相互看不惯，又没有及时沟通，更难改变自己，误会和猜疑往往因此产生。所以寻找合伙人时要十分注意这一点。上面案例中的新合伙人最终也没能继续在这个公司生存下去，在发生一系列的不愉快以后自己离开了这个公司。可以说，双方都不是坏人，也都没有过错，只是理念和行为习惯不一样而已。

所以，找到行为习惯相似的伙伴，应该是合伙人最幸运的事情。

3. 要注重资源匹配

这里涉及两个方面的问题：一是要注重不同资源的组合匹配；二是要注重相同资源的使用匹配。

不同资源的组合匹配是经营公司的有利条件之一。经营公司尤同管理国家，需要方方面面的人才。资源组合得当，可以形成互补；但资源组合不当，就会形成互耗。从这个角度讲，合作是排斥相同点太多的资源的。相同的专业能力、相同的年龄、相同的经历、相同的性格，等等，虽然可以使人产生认同感，相互欣赏，但是，当相同的东西过多时，合作的缘分反而会变浅，资源就可能变成垃圾。因为，太多的相同会破坏匹配原则，会导致操作方面的失衡，会使得契合没有条件。所以，多种资源的组合匹配是有利于合作的。

相同资源的使用匹配是更重要的问题。从实际情况看，人们在社会中的朋友大都是通过学校、单位等渠道结识的，因此，朋友在专业、年龄甚至经历、性格等方面相同的情况居多。那么是不是就一定不能在一起合作吗？合作就一定会不成功吗？当然不是，但是，前提是必须要处理好相同资源的使用匹配问题。有一个案例：有两个好朋友，在大学里是同一专业的室友，各方面都特别相似，脾气性格又相投，两人毕业后决定合伙开一家软件公司。这两位都是计算机专业的高材生，都具有开创事业的雄心壮志，双方的家庭也都愿意为他们提供启动资金，真是天时地利人和。这么好的外因条件，合作应该走向成功。

但是，事情的发展却朝向反方面。

首先就是股份的问题。两个好友可能出于相互谦让，也可能出于谁都不比谁弱的心理，采用了股份平均的持股模式，每人各持股50%；然后在职务方面也采取平起平坐的方式，分任执行董事和总经理，并约定所有的事情都由两人一起决定；再有就是利益方面的问题，因为刚开始，还想不到那么多，所以就只商定了一个原则：两人都一样。

问题由此出现。从表面上看，每人持有同比例的股份，分任同等重要的职务，收益也一样，仿佛极大地体现了公平和对对方的尊重。但实际上，表面的公平造成了实际的失衡。一旦遇到问题，如果两人意见不一样，又不能有效沟通和让步，就会形成僵局，严重的会影响到公司经营。比如，一次为了一个是否要增加注册资本金的问题，两人的意见相左，激烈的争吵使得两人都很不愉快。再如，当员工请示问题时，必须与他们两人都说一遍，很影响效率；特别是两人不在一起，各自表示的意见又不一样时，麻烦就更多；如果请示人言语传送失真，误会就会出现了。最麻烦的是利益问题。涉及利益问题的事情太复杂了，不光有工资奖金，还有各种待遇、费用等。工资奖金的标准好统一，但待遇、费用等的管理却是很细的事。不同的事情产生的费用完全不一样，就是办理相同的事情，由于时间不同、地点不同等原因，也会产生不同的费用。所以，要做到完全一致是很难的。有一个很小的例子：到外面吃饭，包括宴请，公司有一个价格规定，但因各种原因，有时就有超出。因为两人不可能总是在一起，也不可能每件事情都去调查核实，所以多一些少一些的事情就经常发生。加上大家都爱面子，不愿意为钱的事当面沟通，时间一长，摩擦就不可避免了。

最严重的是，两人都不懂财务，不懂法律，不懂管理；两人都是研究型人才，不善于对外开拓和与人交流。而且就是在他们两人最熟悉的专业领域，遇到问题，也会出现各执己见、谁也说服不了谁的情况。

结果是可想而知的，公司不到一年就结束了，两个好朋友的友谊也结束了。

这个案例说明，对相同的资源采用不同的使用方式，注重合理匹配，有主有次、有上有下、有前有后、有内有外，是合作走向成功的重要前提条件。

因此，在合伙人的组合上既要强调不同资源的组合匹配，也要强调相同资源的使用匹配。

4. 要防止合伙人选择中的皇帝情结

前面提到合伙人选择要有资源的差异和互补，但在选择中也要防止为了话语权的控制而只选择比自己弱的资源，造成名为合作但实际上一人说了算的状况。中国人的行为心理中有“宁为鸡头，不为凤尾”的情结，都想在公司里有绝对的话语权，哪怕自己的公司是极小的公司，也要自己说了算。

在这种心理的影响下，有的合伙人在选择合作伙伴时，为了控制公司，往往选择比自己弱的合伙人，这在一方面确实保证了主要合伙人的话语权，但是，在另一方面，也会影响公司的发展。

有一个创业者就有这样的体会。当初创业时，为减少内耗，他挑了三个昔日的下级当合伙人，他自己掌握了绝对控股权，其他的三个人也有自知之明，名义上是合伙人，也占有股份，但实际上处于助手和从属的角色，什么事都由大股东一人做主。公司的发展虽然没有什么矛盾，但由于其他人的资源有限，不能分忧，这个核心合伙人很累、很操心。他说，有时遇到困难时开会讨论解决方案，那三个股东什么办法也没有，有时连一句话都不说。后来，他决定引进新的合伙人，但出现了意想不到的问题，那三个合伙人不同意，不愿意转让自己的股份，否则就索要高额转让费，并且，还因此对他产生了过河拆桥的恶评。结果，新的合伙人没有引进来，原来的好助手也变成了对手。公司运行了近10年也没有什么发展，最后这个合伙人很累地结束了公司。

迪斯尼公司的首席执行官迈克尔·艾斯纳指出，创业者在寻求合作伙伴时一心追求话语权，但软弱的合作者却可能在你需要时，不能给你及时和有力的帮助，反而有可能使一些更强大的潜在合作伙伴却步不前，弃你而去，使你丧失更多的机会。

所以，合伙人的选择一定要在相互需要而且是优势互补的前提下进行，千万不要为了当皇帝而落到最后连王国也灭亡了的境地。

5. 选择伙伴不能隐忍和委屈自己

在合伙人的选择上，有一个误区必须纠正，那就是所谓“要善于团结与自己意见不同的人一起工作”。

有一个从国有企业改制而来的公司，主要牵头人原是这个企业的业务部主任，他在挑选合伙人时就受到上述理念的影响。在要求入股当合伙人的同事中，有一个人他认为不好相处，不愿再在一起共事。但是，负责改制的上级单位给他做工作，要他“善于团结与自己意见不同的人一起工作”，接纳这个与他有隔阂的人。经过反复劝说，他最后妥协了。但是，在后来的合作中两人屡屡发生摩擦，那位同事总是不断地给他找茬，处处不配合，最后弄得他筋疲力尽，只好自己离开了那个他为之付出了多年心血的公司。

其实，“要善于团结与自己不同意见的人一起工作”的说法并不错误，但是只能应用在特定的环境中和适用于特定的人。比如，担任行政单位领导职务的人，或者处在同为雇员群体中的人，但不适宜用在自然人的合伙关系中。原因很简单，合伙人因相互利益关系而结合，人格独立平等，权利义务相同，不存在一个人的单方权利或义务。那种受经济利益之外的强力制约，要违心地去对另一个人示好或团结的做法，只能存在于非经济结合体的组织中。

在合伙人的领域内，大家必须心往一处想，劲往一处使，共同努力，共担风险，合得来就一起干，合不来就分开，不强求，不委屈，不隐忍，不花心思去维持“和谐”，这就是这个领域里人与人相处的规则。

反过来说，如果公司内部已经出现了内耗，那么，需要考虑的不是如何忍受内耗以维持公司，而是立即采取措施，消除产生内耗的原因，重组资源，重建平衡，回到健康的权利义务关系上来。

6. 大学生能否创业当合伙人是个伪命题

关于大学生创业的问题，社会上存在着不同的看法。其实，大学生能不能当合伙人，能不能创业，关键不在于他是不是大学生，而在于他是否具备了相关的条件。国内外很多的事例已经充分说明了这个问题，比尔·盖茨就是其中突出的例子。

如果一个愿意成为合伙人的人已经找到了项目和所需资金，对自己的功能发挥有了设计，也具备了上面谈到的相关条件，他就可以开始这个领域的实践，包括学习以下将要谈到的各种思维方式和理念。大学生是这样，公务员是这样，农民、工人也是这样，不受年龄、身份、职业的限制。

三、厘清相关观念和思维方式

在完成了评估自己、挑选别人的工作后，最重要的一个事情就是要转变观念。从自然人到合伙人，身份有了添加。为了适应身份的添加，就需要添加或转换相应的观念和思维方式。就如同经过婚姻这道门槛，儿子又同时成为丈夫、女婿、父亲时，他必须添加或转换相应的观念和思维方式一样。

作为一个准合伙人，在学习相关商领域基本知识和技能的同时，要把厘清相关观念和思维方式放到重要位置。

这个过程是漫长的，它将贯穿你的合伙生涯，并有可能影响到你的一生。

没有合伙经历的人，由于没有接触过这个领域，遇到问题时，一般会用传统观念或思维方式去考虑和处理问题，其结果往往会给合伙人带来麻烦。

哪些观念和思维方式需要厘清和转变呢？

1. 要明确三种人际关系的异同

这三种人际关系是：你与你的亲人之间的关系，你与你的朋友之间的关系，你与你的合伙人之间的关系。

亲人之间的关系、朋友之间的关系、合伙人之间的关系，是三种在性质上完全不同的人际关系。

这三种人际关系各有其不同的性质特征，它们之间的区别在于：

亲人之间的关系是建立在血缘关系上的一种生物关系，是一种客观存在，不以人的意志为转移。产生于这种生物关系上的是一种血缘亲情，这种血缘亲情是连接人类个体的纽带，是维系人类生存繁衍的纯自然感情。

朋友之间的关系是建立在对人品的相互认同上，是一种超血缘的社会关系，维系这种关系的是一种精神因素。朋友关系是一种主观存在，产生于人的主动社会行为。这种关系有两个特征：第一是可以与亲情媲美甚至超越亲情（如爱情），第二是排斥利益交易的。朋友间既有精神上的相互奉献，也有物质上的相互给予，还有行为上的相互帮助。但这些关系都不是以交易为基础的，不计大小，不计多少，不计往来。

而合伙人之间的关系则建立在对盈利能力的相互认同上，是一种因经济相连的关系。这种关系的维系依靠的是契约。虽然与朋友之间的关系一样，是一种人之间的主观组合，也产生于人的主动社会行为，但这不是朋友间不计往来的相互帮忙，而是特定的一群人，以一种规则相连接成为一个组织，通过运行这个组织去获取收益的行为。

亲人间的播种收获天伦之乐，朋友间的播种收获友谊和幸福，而合伙人之间的播种是以收获利益为目的。

亲人间的关系是“血浓于水”，朋友之间的关系是“君子之交淡如水”，而合伙人之间的关系是“共同致富”。

亲人间处理问题靠亲情，朋友间处理问题靠感情，合伙人之间处理问题靠公平诚信的约定。

当然，我们不排除合伙人关系的发展可能极大地靠近甚至超越朋友关系，而且十分赞扬和祈盼这种关系的发展，这在实践中有很多的例子，从做生意开始最终成为好朋友。

在理论上，这毕竟是三种不同的关系。

三种状况、三种方式、三种目的，三种思维方式和行为规范，有着质的不同。这三种方式不能移位，不能错位，更不能混位。

只有首先对合伙人之间的关系认识清楚、定位准确，才能保证思维方式和行为方式的正确，也才能用正确的方式处理合伙人之间的问题。

2. 要规范自身的行为

在明确了合伙人之间的关系性质后，如何去处理好这种关系，是做一个成功的合伙人最重要的事情。

合伙人在公司经营中最重要的事情不是去处理公司的行政事务，不是去照顾好与客户的关系，而是应该认真经营你与合作者之间的关系。而经营合作者之间关系最重要的技巧首先是要强调对自身行为的规范，做好自己，管理好自己，善待别人。

怎么才能管理好自己，那就是虔诚对待你的心灵。在这个领域，要规范好自己的行为，有一句经典的戒律，那就是：像对待上帝一样对待你的心灵。

怎么才能让自己的心灵纯洁？其实很简单，要“勿以善小而不为，勿以恶小而为之”。千万不要对合伙人做连自己都觉得恶心的事，尤其是在别人看不到的地方和时间。

有一些很小但很普遍的例子。有不少的人可能都有过类似的经历：有的合伙人在陪客户吃饭时给自己要了一条烟，结账时把烟钱一同计入了餐费，回到公司后报销了；有的合伙人在给客户买礼品时，偷偷地把商家给的奖券据为己有；还有的合伙人出差在外时，通过各种手段虚报费用。

这些都是很小很小的事情，小到没有人会去注意或进行调查。但是，这个事情其实很大很大，因为它侵占了别人的利益，损害了公平、诚信、正义，是良心和道德所不容的恶。恶虽小，但终究是恶。小恶积多了，你就没有朋友了，也没有人愿意与你合作了。

与人合作是为了赚钱，但用这样的方式是永远赚不到钱的。

3. 要把合作者的利益放在与你同样重要的位置

大家在一起合作，是为了共同富裕。在这个领域里，“致富”是目标，但是更重要的首先是“共同”。

要十分重视这个“共同”。共同可以不是绝对量的相等、种类的一样和方式的相同，但是必须包括共同的速度，共同的程度，共同的方向，共同的标准和共同的感受。

只有保证了上述的共同，才能实现共同富裕，也才能实现其中每个个体的富裕。

所以，作为合伙人，规范好自己的另一项重要法则就是把合作者的利益放在与自己一样重要的位置上。

合伙人在选择合作伙伴时，往往是从“他能帮到我什么”为出发点的，这是一般的思维方式；但如果他能从“他能帮到我什么”出发，最终以“我能帮到他什么”完成思考的一个圆周，那就是优秀的思维方式。具有这种思维方式的人，是能获得成功的合伙人。

4. 不要有罪推定你的合伙人

经常听到有朋友抱怨别的合伙人：“这个人真坏!”或者是常常感叹自己的失察：“我没想到他竟是这样的人!”

其实，真实的情况是：误会多，坏人少。而合伙人之间的误会往往产生于相互间缺乏信任。

与血缘关系和朋友关系不一样，合伙人之间的关系维系力量本来就比较薄弱，再加上利益这个魔鬼的搅和，更助长了原本多疑的国民性格。

我们是世界上很容易怀疑别人的一类人群。我们从小就被“世界上没有无缘无故的爱”的理论教导，小学老师的教诲至今铭刻在心，“当你在上学的路上遇到一个人向你微笑时，你一定要小心，他可能是个骗子。”这样的传统观念深深植入我们的意识，以致怀疑成了人们处理问题的第一本能。在社会交往中，我们总是习惯带着怀疑的眼光看问题，时时刻刻提醒自己“防人之心不可无”!

怎样才能不误会别人呢？首先管理好自己的良心，要做好自己，与人为善；

然后要有自信，坦然面对发生的事情，相信自己做人做事都是善良的，没有做对不起别人的事情，没有人会要害你；最重要的是，要相信你的伙伴也是善良的人，有良好的修养，有做人的起码道德，不会蓄意要干坏事。世界上一定有无缘无故的爱，因为人类天生就是互相爱护的，但是世界上一定没有无缘无故的恨，因为所有的仇恨都是有原因的。

只有保证了坚定的自信和互信，当问题出现时，人们才有可能保持理智，控制情绪，冷静地分析问题，最终找到原因和解决问题的办法。

所以出现问题时，宁可先归因于合伙人的客观过失或外部的不利条件，而不要先有罪推定你的合作者是坏人或道德品质有问题。

很多时候，矛盾的产生都是源于人的一个过错，或者只是大家对某个问题的看法不同，或者是表达方式欠缺完美等，而这些都不是人的主观恶意行为。

有的时候，信息不畅或沟通不及时也是使大家产生误会的重要原因之一。这也和国民习惯有关。人们一是喜欢背后议论人，二是对道听途说的事情往往很相信，三是不习惯当面交流看法，尤其是去质问说自己“坏话”的人。大家都努力地维持表面上的一团和气，怕尴尬，怕撕破脸。大部分人都习惯于打肚皮官司。

但经营合伙事业，这是一个必须改变的思维方式。一定要慢慢学会坦诚相待，透明相处，抛弃“死要面子活受罪”的不健康处世之道，拯救自己，也宽待他人。

怀疑合伙人的情况一般都会发生在合作的初期阶段，大家都还没有路遥知马力，日久见人心。随着时间的推移，大家之间的默契度和信任度会逐渐增加，而误会的出现就会越来越少。

强调这个观念，是要提醒合伙人，在合作初期，一定要小心对待这类事情，不要时刻带着怀疑的眼光看合作者，更不要在出现问题时有罪推定你的合作者。

5. 要学会承认差别，接受差别

人与人之间是有差别的，但要心甘情愿地承认自己不如别人，则是一件极不容易的事情。

我们从小受的教育是：

要相信自己，你不比别人少什么，别人能做到的，我为什么做不到?

你好，我一定比你还要好！要超过你，要争第一。

在人们的意识中，个人英雄主义是人人心中固化的情结。但是，在我们的体制中，又缺乏帮助个人成长的环境，使个人难以成长为“英雄”。

长期的国有单位中以工龄、学历甚至年龄为标准计发工资、提拔晋升的做法，更加固了这种抑制个性、抹杀差别的平均主义思想。扭曲的理论与现实，造成人的畸形思维方式，使得大家虽然在口头上表示谦虚，但在心里谁也不服谁。“个人是条龙，集体是条虫”的现象是这种畸形思维方式产生的直接后果。

做合伙人必须要学会面对真实的自己，承认差别，接受差别。从唯物主义的观点出发，在一个特定的领域，对待一件特定的事情，别人能做到的，你就有可能做不到；或者就是你虽然通过努力做到了，但你会比别人花费成倍的时间和精力。

人与人就是不一样，差别是存在的。

合伙人团体也是如此。一个团队中，总有一个人在一定的时间段中，或者是在一定的范围内，是相对优秀的，是起牵头作用的。

如何对待这个客观存在，有两种选择：一是放弃这个你不擅长的领域，去寻找和发现适合自己的领域，去做自己最有优势的事情；另一个选择就是在这个阶段、在这个领域里、在这个团队中从事低一层级的劳动，接受这个差别。

转变观念，不仅可以在心态上祛除嫉妒、不服气、焦虑、躁动的不良情绪，而且可以客观、冷静地分析、发现和培养自己的长处及独特优势，不去与别人恶斗，而专心做好自己擅长的事，得到相匹配的利益。虽然利益看似比别人少，但是你在积蓄和成长。这样，合伙人内部的矛盾和斗争会大大减少，人的心态会感到轻松平和，每个人的优势都会得到最充分的发挥，每个人的资源都会得到最大限度的利用，每个团体内的合作就会更和谐，合作就会变得愉快，公司的成长也就会更顺利。

6. 更要学会尊重差别

为什么要单独强调尊重差别?

上一段讨论承认差别和接受差别主要是从资源处于弱势的一类人的角度出发，如何去看待比自己强的人；而尊重差别则是从资源处于优势的一类人的角度出发，如何去看待比自己弱的人。在实际的生活中，这两种心态是不一样的，因此导致的行为方式也是不一样的。

正如上面提到的资源处于弱势的人对资源强的人往往有不服气的心态，相处时会有“羡慕嫉妒恨”的表现；而反过来，资源处于优势地位的人对资源弱的人则往往有看不起的心态，相处时会有“不屑一顾”的表现。这都是不对的。

一般说来，能力强的人往往处于优势地位，更容易表现出对弱者的歧视和不尊重。因此，在合作事业中，要强调弱者对自己应该有自知之明，更要强调强者对弱者的尊重。不要蔑视弱者的尊严，更不要剥削和掠夺弱者的资源。

当大家处于同一个合作平台时，不管资源的作用是大还是小，资源的性质是平等的，资源人的身份和人格是平等的，合伙人之间不应该相互歧视，这是一个很重要的观念。平等公正是订立契约的基础，也是合伙事业发展的前提。在一个合作体中，虽然各合伙人之间是有差别的，但是从各合伙人持有资源的性质来说，却是同等重要的。合伙人之间不仅要在人格上相互尊重，更要在资源上相互尊重。

同时，从另一个角度来看，在一个组织中，合伙人各自的资源是相互依靠，缺一不可的。一个合伙人的团体，就像是一座走时精确的时钟，每个合伙人以自己的资源合适定位，互相咬合，齿轮交错，有节奏有秩序地走动。时钟哪怕缺了一颗螺丝钉，也无法正常运转。

在时钟的结构里，没有元帅，也没有士兵，没有主要作用，也没有次要作用，只有合作。这是第一层意思。第二层，虽然是众多器械一致发力，但就各个零件来讲，有需用高技术精密制造的、价值贵重的零件，也有只需一般技术制造的、价值低廉的零件，区别仅在于此，这个区别的全部意义在于价值贵重的零件的折旧额和相关回报要高于其他零件，因为它凝结在其中的劳动比别的零件多。除此之外，零件之间，再没有别的任何区别，特别是没有超经济的不同。这个主要零件在身份上和人格上并不比别的任何一个小零件高，在作用上也不比任何一个小零件重要，缺了任何一个小零件，钟都运行不了。第三层，虽然小零件的回报比主要零件低，但小零件的作用在这个团体里是不可缺少的，一颗小螺丝钉出了问题，可以导致整部机器停工。要创造价值，需要小零件、中零件和大零件共同发挥作用，缺一不可。因此，小零件和所有的零件一样，是应该受到尊重的。

所以，相互尊重，是每一个合伙人应该具备的基本理念。

一家公司的主要合伙人兼总经理，多年以来对他的司机尊敬有加。司机也是合伙人之一，尽管只占有很少一点股份。两人出去办事时，除非有商务洽谈，总是两人同桌吃饭；即使有客人的时候，总经理也都是先关照好了司机再入席陪客。这个公司的合伙人有十余个，进公司的时间有早晚，年龄层次相差也较大，但大家相处就像一家人一样。像一家人不是说不发生矛盾和摩擦，而是有解决的办法，有化解的药方，不会让矛盾和摩擦激化，从而始终保持着一种人性的秩序，解决的办法和化解的药方就是相互尊重。

感情是奉献出来的，友谊是尊敬出来的。人们都说没有永远的朋友，只有永远的利益。但是，正如笔者在前面提到的，人是可以超越利益关系成为永远朋友的。从合伙人关系中成长出来的这种朋友就是一种永远的朋友，这种朋友关系经受住了“魔鬼”的考验，不但不排斥利益，反而来源于利益，伴随着利益，但最终又超越了利益。这种朋友关系的自律力量远超契约对人的约束，能获得这种关系是双方在境界和修养方面都得到了极大提高的结果。

7. 不要羞于谈钱

做合伙人的目的就是要赚钱，但有不少朋友一提到钱就不好意思开口，总是羞答答的。这主要是观念上的问题。

孔夫子曾教导说：君子喻于义，小人喻于利。传统观念认为，遇事就谈钱的是小人，而遇事不计较、慷慨大方的是君子。所以，人们心里虽然也有投入产出的计量，但谁也不愿被人看做是小人，所以就都以谈钱为耻。这样的后果，往往是吃了亏，赔了钱也只好自认倒霉，心里不舒服嘴里还要说“没事没事”，这种虚伪的方式不是合伙人的行为方式。

还有一种人，自己心里有一个小九九，但从来不说，等着别人说，除了不好意思，还有一些更糟粕的意识在其中。如果别人说的正好合自己的意，很高兴，因为既没有得罪人又得到了想要的利益；但如果别人说的不合自己的意，他表面上不说什么，但心底里则恨死了这个人，认为是别人对自己不好，有意要害他，于是就处处与人作对。这种人极其危险，比唯利是图的人还难相处，是不适合做合伙人的。

在该谈钱的地方勇敢地、认真地、公平合理地谈钱，不是小人。谈钱的不是小人，而不谈钱的不见得是君子。小人与君子的区分不在于谈不谈钱，爱不爱财，而在于获取金钱的方式。小人是唯利是图，君子是取之有道。作为合伙人，谈钱不仅不是罪恶，而且是一个必须学会的本事。

金钱散发着温暖，正面谈钱，理直气壮谈钱，时时谈钱，是每一个合伙人的正常行为。只有把钱的问题谈清楚了，合作才可能是愉快的。在这里，没有大公无私，也没有无私奉献，只有实事求是。

这里有一个孔夫子的教案，可以给人以正面的启发和教育。据传，在孔子生活的那个年代，孔子所在的鲁国宣布，如果有人在其他国家看到有鲁国人沦为奴隶，则可以先把他赎回来，然后到政府那里去报账。一次，孔子的一个学生，从别国赎回了一个奴隶，但他却没有去找政府报销。一时间，别人竞相夸赞这个学生道德高尚，而孔子却批评他说：你这样做妨碍了更多的鲁国奴隶获得自由。因为如果别人也在别国看到了鲁国人沦为奴隶，那么，如果他赎买回来去报账，就会有人嘲笑和指责他的道德品质不高；而如果他不报账，他就损失了一笔钱。这样，他就只好装着没看见，而不去赎买这个奴隶。又有一回，孔子的一个学生冒死救起了一个落水者，这个落水者家境富有，于是酬谢给这个学生一头牛，孔子的学生很高兴地收下了。很多人指责这个学生的道德不高尚，这么重的礼都收，但孔子又与众不同地表扬这个收下牛的学生说：你这么做能够鼓励更多的人去冒险救人，使更多的人获救，做得对。

在上面的故事中，孔子阐述了对待金钱的态度，特别是揭示了钱的杠杆作用。金钱不是人们的目标，通过它，人们收获幸福，社会收获前进，人类收获文明。如果你确实不愿意与朋友直面谈钱，如果你确实认为与朋友谈钱有损自己的形象，那最好不要合作办公司，不要做合伙人。

8. 要学会“先小人后君子”

敢于谈钱了还不够，还要学会怎样谈钱。其中，学会“先小人后君子”就是重要的一课。

“先小人后君子”对于合伙人来说，是个很重要的规则和理念。但是，大家谈谈容易，真正做起来却又不容易。

前一个问题谈到不能羞于谈钱，这里要讨论谈钱的方式，尤其是谈钱的时间。不要忽视这些细节，不要小看这个问题，魔鬼就藏在这个细节里。

为什么？

想必不少人都有这样的体会：合作伙伴中，一个人对另一个人说（或领导对一个助手说）：这件事交给你了，你好好干，干好了我会奖励你。或者说：咱们一块儿干，干好了，好处少不了。至于什么是干好的标准，双方并没有明确细化；怎么奖励，好处怎么分，双方也没有量化指标。受邀方出于信任或认为应该表现大度，也不问什么条件，二话不说，就埋头苦干起来。关于标准，在一个人的心里，可能有一种方案；在另一个人心里，可能也有一个自己的期望。问题在于双方并没有就具体的焦点问题进行沟通，并没有就标准和绩效达成共识，答案都只停留在自己的心里，这就出现一个模糊环节。等到事情干完了，矛盾就出现了。一方认为没干好，不仅不兑现奖励，反而还指责对方没有尽力；但对方却感到很委屈，自己已经很努力了，怎么叫没干好？或者虽不认为没干好，但好处的分配离自己期望的差了太多。

这种事情产生的结果可想而知，误会是肯定不可避免了，严重的可能导致双方情绪对立，原本的好朋友变成“坑哥儿们”的“不地道”坏人。在合伙人之间产生这种误会的概率极高，很多人为此甚至终止合作，分道扬镳。

其实，在这件事情上，两人主观上都没有过错，两人都不是“不地道”，过错发生在程序方面。

在程序方面，双方一定都要先小人。

所谓“先小人”，是指双方事先要把各自的权利义务说清楚，每人该干什么，该负什么责任，该尽什么义务，该取得什么样的收入等问题一定要清楚明确。

比如领导，就要把心中的目标告知助手，而助手则应要求领导把达成目标后自己该得到多少奖励也一并说清楚。当两人对上述内容没有异议后，再开始工作。

但是，很多人不习惯这样的讨论，不好意思就物质的问题“讨价还价”“斤斤计较”，战胜不了自己，完不成这惊险的一跳。

在实践中，有些合伙人事先不谈钱是因为还没有挣到钱，公司刚开张，好像谈钱为时尚早，等不亏损以后再说。但是，事前不挖好沟渠为排水做好准备，洪水来了再挖沟还来得及吗？

要做合伙人，必须要过这一关，必须要学会“先小人”。

所谓“后君子”，是指一旦当权利义务明确后，要信守诺言，遵守规定，忠于职守，负有担当心；同时，遇到一些事先没有约定的新问题时，要有君子的态度，要与对方沟通和商议解决的办法；再有，当发现原来商议的规则出现显失公平的情况时，不管是有利的一方还是吃亏的一方，都要有君子的风度，尤其是有利的一方，要主动及时地提出修改和调整原有规则，以保证大家公平获利。

如果不“先小人”，就不可能有“后君子”。一般情况下，事先若没有说清楚，事中事后很难有君子风度，想做君子也没有可能，这样的合作不可能长久。

9. 要恪守“婚姻”道德

在婚姻关系中，夫妻要有起码的道德操守，不能同床异梦，更不能背叛对方；但是，如果已经没有爱情，就要尽快结束现存婚姻，以免让两个人都生活在痛苦之中。在有婚姻的前提下乱搞婚外情，或者已经没有爱情还要死拖着对方，或者千方百计地算计对方、搞垮对方的做法都是不道德的。

同样，在合作关系中也是如此，如果有了无法修复的裂痕和分歧，就要开诚布公地向对方讲明，一起商讨解决的方式，这既是尊重自己也是尊重对方。但如果抱着拖垮对方或掏空对方的想法，表面维持和气，背地里加害对方，这就违反了做人的基本道德，是应该受到谴责的。

10. 不要盲目忠诚

经常听到合伙人中有人这样表忠心：“大哥，我信任你，我跟着你干，你指到哪里我打到哪里，我知道你不会害我。”同时也有人这样回馈信任：“你是我兄弟，我肯定要对得起你。”其实，这不像合伙人的关系，更像是一种主仆关系、上下级关系或者雇佣关系，在合伙人的规则中是无法操作的。

在合伙关系中，人际关系不再依靠血缘、地缘或“人事姻缘”，而要依靠法律赋予自己的权利。针对一件事，你把自己的真实要求表达出来，对方也把自己的真实要求表达出来，当双方取得合意后，便定下规则。这个规则就是法律。依靠双方谈妥的合意，法律就可以保护你不受欺负。你不用依靠任何人去主张自己的权利，同样，你也不可能依靠别人获得超权利的东西，所以，忠于规则比忠于“大哥”更管用。

作为合伙人，每个人在权利义务上都是独立平等的主体，都要依靠自己来行使权利和承担义务。合伙人之间不是人身依附关系，不能盲目忠诚任何人。每个合伙人都要有意识地做到通过自己的能力来维护自己的权利，不能寻找其他人来保护你。

把自己的权利完全交给别人，依靠别人来保护你的利益，而把无限的义务承担起来，这种畸形的忠诚关系不适用于合伙人之间。实际上，合伙人之间的矛盾和摩擦要靠规则来解决，任何人都没有超越规则之上的权利，任何人都不可能得到超规则的保护。如果不明白这一点，误会就可能由此产生。在合伙关系中出现误会，没有亲情予以担待，也没有友情将之弥合，只有越积越多的猜疑，最后，不仅彻底摧毁忠诚和信任，而且还会产生仇恨。

11. 提倡“用人也疑，疑人也用”

中国的文化中有一句话很有名，叫做“用人不疑，疑人不用”。

但是，在现代社会，要有新的用人观念，那就是“用人也疑，疑人也用”。

现代理念并不是要推翻和否定古训，而是要说明这两条用人办法各自具有不同的使用前提和条件，在现代社会的市场经济中，后者是更为科学的用人理念。

这两者的区别表现在以下方面：

第一，两者使用的时代不一样。

“用人不疑，疑人不用”使用在前市场经济时代，即“身份社会”时代。使用这个原则的一个起码条件是：使用人了解或基本了解被使用者，相互之间以熟识为合作前提。

而“用人也疑，疑人也用”则是现代市场经济的用人之道。市场经济又称之为陌生人经济，是指相互间不熟悉的个体可以通过契约联系在一起，形成用与被用的关系，形成利益共同体，所以现代社会又被称为“契约社会”。

在市场经济中，陌生人广泛存在，现代企业制度就是陌生人制度，这个市场不强调相互是否熟悉，是否了解，而是以制度、规则和契约作为纽带。不管是谁，不管你们之间是否相互认识，只要你认可规则、服从规则、遵守规则约束，就可以连接成一个组织，就可以在一起合作。

从这个意义上讲，所谓“用人也疑”，就是要预先防范因为人性的“恶”或“其他目的”可能出现的问题，因此必须要事先制定游戏规则，要用规则来约束所用的人；所谓“疑人也用”，就是即使你有人性的“恶”和“其他目的”，也可以与你在一起合作，因为有规则在约束你，在保护我，这方面的风险我不用感到害怕。

第二，两者强调的合作基础不一样。

从以上可以看出，“用人不疑，疑人不用”强调的是用人者对被使用者的信任。而“用人也疑，疑人也用”强调的是双方之间契约的重要。前者以一方的信任和另一方的忠诚作为合作的基础，而后者是以双方间的相互尊重和约定来作为合作的保障。前者建立于君子关系，靠良心作保；而后者建立于权利义务关系，靠法律约束。

第三，两者对人的使用理念不一样。

“用人不疑，疑人不用”的操作会出现对有些人完全弃之不用，而对有些人完全用之不限的情况；而“用人也疑，疑人也用”则是给每个人以机会，同时又给每个人以合理的限度。从这一点上看，后者的理念比前者更人性，更科学。

用人不疑，虽然表现出一种善良的信任，但是往往因为无限信任而失去防范和制约，以至于产生不可弥补的损失。

用人也疑，虽然表现出一种“不善良”的防范，但是往往因为这种防范而保障了双方的利益。

疑人不用，虽然表现出一种用人的“择优”情结，但是往往会失去不少人才。

疑人也用，虽然表现出用人的冒险，但是由于它给人机会证明自己或者改善自己，体现了用发展观看待人性发展的大信任，给双方都会带来了机会。

用人理念之所以发生改变，是因为有了规则的保障。在规则的力量下，人们变得更自律，相互间更放心，行为更文明，社会更安全。

12. 要遵循生长的自然规律

应该说，每一个合伙人在计划开创自己的事业时，都是憧憬着将来美好、长远的发展。尽管形势多变，环境不稳定，但没有人计划公司开三年就关张。几乎所有的公司，在章程中都将公司的经营期限定为 20 年乃至更长时期。

但是，虽然营业执照上写了 20 年，虽然大家都祈盼长长久久，但是，很少有公司真正在实践中按照长远的事业来规划，都是想尽快发财。其中突出的表现之一就是将公司的成长期规划得很短。一般都规划为 3 年，长一点的为 5 年，超过 5 年的很少见到。有的公司的规划是这样制定的："经过 3 年左右的时间，力争做到行业内第一，5 年内争取上市。"

着急赚钱，着急赚大钱，急功近利的心态，让合伙人等不及慢慢来，等不及让公司按照自然规律成长。

马克思在《资本论》序言中有一句名言："一个社会即使探索到了本身运动的自然规律——本书的最终目的就是揭示现代社会的经济运动规律——它还是既不能跳过也不能用法令取消自然的发展阶段。"①

社会形态不能跨越，公司成长也不能跨越。像人的成长一样，需要一步一步地长大。

现在，人们处于急功近利的年代，周围铺天盖地的口号都是"更高、更快、做大做强"，在全社会的蛊惑之下，在环境的绑架之下，内心难有强大的定力，几乎所有的企业都一心想着尽快出名，尽快扩张，尽快积累。但是，自然规律是不能违背的，要想往上长成参天大树，必须年复一年地往下慢慢扎根，才能撑起树的华盖。

就像孩子成长一样，幼童的智力只能解决这个阶段的问题，而要弄懂复杂的学问，必须一步一步地完成从小学、初中、高中到大学的学习阶段。公司也一样，刚成立的公司就像孩童，如果急速扩张，各方面能力都会跟不上，最后会被拖垮。打激素可以超常发展，但也会超常死亡。

人不能马上长大是因为有一个救命的胃，它限制了人们吃饭只能一口一口地

---

① 马克思. 资本论（第一版）. 北京：人民出版社，1975，第一卷（上）第 11 页

吃；而公司没有这个天然“闸门”，只要运作到了资金，企业仿佛就可以任意长大。这也在客观上助长了急功近利的思想。其实，公司虽然没有一个限制贪欲的胃，但是也有无形的锁链在起作用。机会和烦恼都是与年龄相匹配的，你遇到了成年人的机会，同时你也会遇到成年人的烦恼；你的年龄只能解决你能力范围内的烦恼，所以你也只能利用相同层级的机会。如果胃口太大，不知适可而止，你终将欲速则不达，被无形的锁链困住而不能自拔。

所以，饭要一口一口地吃，路要一步一步地走，人要一天一天地长大。快速发展、一夜暴富的想法，都是违反自然规律的。看看那些优秀的企业，真正的“大人”都是百年老店。世界500强的企业中，除去中国和一些特殊国家以外，每一家企业都存在了起码几十年以上。

越是想在三五年之内长大的企业，最终都会在三五年之内失败。

13. 不要去模仿别人

善于模仿别人是我们这个民族的特点，古有邯郸学步，今有铺天盖地的模仿秀。但是，合伙人经营自己的公司却不要也不能去模仿别人。

世界上的每一个人都是独特的，都有着与其他人不一样的基因，每个人的墓碑下都埋藏着一部世界史。

由不同的人组成的公司也是独特的，也有公司的独特个性。发现自己的个性，设计自己的规则，寻找合适的管理方式，是每一个合伙人以及公司自己的事情。

因为每一个人都是独特的，都有自己独特的优势。所以，合伙人在创业时，要充满自信，不必羡慕别人，也不必自贱，不要去模仿别人，也不要迷信所谓名人。只有不仰视别人，才能真正敬重自己。当你把注意力都放在名人身上时，你就可能忽视自己的优势。对具体情况进行具体分析和具体处理，根据自己的特点来解决自己的事情，这是辩证法的精髓，胜过一万个成功名人案例的总和。

同时，也因为每一个公司都是独特的，所以也不要去照搬所谓模式，要笃信“凡事无定论，律由心造”的真理。只要根据自己的实际情况来处理自己的问题就是正确的，理念需要学习，但模式不能照搬。规则没有好坏之说，只有合适与否的问题。人的思想特质是不一样的，而所处的情况也不可能是一样的，只有根据自己的思想和需要制订出来的模式，才是适合自己的科学的模式。

在近年来的很长一段时间里，一说起成功公司，一般都以海尔为案例。不管所有制，不管成长经历，不管行业，不管所处阶段，不管个人特质，不管起点，不管区域特征，都要学习海尔经验，海尔也到处做报告，给大家传授经验，这实际上是很不科学的，将很多企业引入了误区。

合作之道就是合适之道，适合自己，适合自己公司的规则就是好规则。规则不用照抄别人，规则也不需要长篇累牍，需要哪些条款就定哪些，几张纸也能解决问题，关键是要满足自己的需要，能切实解决自己的问题。

14. 要学会健康的交流方式

不善于当面交流意见，不愿意红脸是国人的习惯。受传统文化影响，中国人的面子薄，不好意思与人反着说，不愿当面反驳别人的观点，怕别人尴尬。

在实践中我们都可能经常遇到这样的情况，大家在一起讨论问题时，好多人并不发言，尤其是涉及利益的问题，总保持沉默，还有一些人会说：我无所谓，大家同意就行。其实，不可能无所谓，每一个人对涉及自己利益的事情都很有所谓，都很在意，只是不愿意当众说出来，以免被别人认为是小气之人，这在脸面上是很不光彩的，因为“君子喻于义，小人喻于利”嘛！我们都想按照小时候被给予的标准去当君子。但是，由于吃了亏，或者被憋得心里不舒服，必须发泄出来，因此，就出现了会上不说会下说、当面不说背后说的情况。结果，本来很简单的事情越弄越复杂，人际关系被搅乱了，误会层出不穷，矛盾越积越多，大家都没有了好心情，钱没赚多少，倒活得越来越累。

这是不健康的交流方式，是传统文化中的糟粕，应该抛弃。

西方的交流方式很简单，很透明，心口一致，让人不累，值得学习。西方与东方的食品也都反映出这样的文化区别。不管是麦当劳还是比萨饼，内容都摆在外面，让人把其中的材料看得清清楚楚；而中国的不管是饺子、包子还是汤圆，内容都是藏在里面的。

如果想要选择做合伙人职业，应该改变上述与人交流的不健康方式，学会面对问题，特别是要学会如何沟通不同的意见。要把不满说出来，并争取通过相互交流让自己获得满意的结果。不要让人猜，也不要背后说。

另外，作为合伙人，与人交流既是你的权利也是你的义务。为了团队的共同发展，交流是合伙人必须要面对的一项工作。怕得罪人，你可以选择不当合伙人，但当了合伙人，就有了交流的义务，而且必须用健康的方式去交流。当面交流既能表达自己的想法，又能听见别人的真心话，有利于尽快解决问题，减少误会，化解矛盾，节省时间，提高效率。

这看似简单的一个交流方式，但是很多人却不习惯，这也是导致很多合伙人相互出现猜疑、不满甚至仇恨的根源。愿大家能够重视这又一个细小的环节。

15. 不要相信泡沫，自己也不要制造泡沫

真正的创业者，必定认定自己有一份资源，有一份能通过自己的劳动给自己带来财富的能力，从而对自己的事业充满信心。

自信的人，具有坚固的诚实，用不着虚张声势，也用不着作假，不夸大自己，也不忽悠别人。

泡沫的产生缘于一种对假象的遮盖，是一种行骗的手段。近年来，造假之风带来大量泡沫。做人急功近利，做公司也急功近利。这里面原因很多，但一个重要的原因是不良媒体助纣为虐的忽悠。屡见报刊、电视报道一个又一个企业家、百万富翁，都是在不长的时间内暴富，撩得人们都想一夜致富。由于目前市场不纯净，因此，人们有理由怀疑成功首先是要会吹，要会忽悠，不说假话大话办不成事。所以，尽管创业者有自己的能力，但还是免不了说一些假话，一般是过高地评价自己和过高地宣传自己的资源。因此，使得合作的朋友之间也有了不少泡沫，这是一种很危险的做法。当大家处久了，就会对不能实现的吹牛生出怨恨，严重的甚至产生隔阂，从而破坏了合伙人之间的信任与合作。

很多人原本不想忽悠，但看着别人通过忽悠走向所谓成功，也会被诱惑。有人甚至在外面寻找各种包装高手，替自己忽悠。

有一个案例，一位科学家有一项领先的技术，创收是没有问题的，但被一个所谓的点子大王忽悠，对技术进行了过度的包装宣传，使得一些并不了解技术的投资人加入了进来，结果没有达到期望的目的，还造成了官司的频繁。这样的结果使得所有加入的人，包括科学家自己也陷入麻烦中，既不能赚钱，还不断被琐事缠绕，劳命伤财，后悔连连。

因此，不要相信社会上的包装，自己也不要过度包装，不相信泡沫也不制造泡沫，实实在在地做事永远是最安全的保障，也是最有力量的竞争武器。

16. 不要把公司当成自己的家

作为合伙人，虽然是公司的老板之一，但是，公司绝不是你自己的家。

有一个合伙人，把家里的一条狗牵到公司，让工人给他圈个院子看养起来。其他合伙人提出异议时，他觉得很想不通：我是公司的老板之一，连这点权利也没有？

确实，任何合伙人都没有这个权利。

首先，公司是合伙人组成的“法人”的家，不是各合伙人自己的家。

合伙人的自然人身份转化为公司“股东”后，通过让渡资本，他获得了股权。而股东权利的实施是要通过股东会来进行，作为自然人，股东个人在股东会之外对公司没有任何权利。

公司的资产，包括土地、厂房、设备以及工人，都属于公司这个法人所有，由公司的管理机构负责。公司的管理机构通过运用这些资产来获利，并根据规定，把利益公平地分配给股东、生产工具和劳动者（后两者通过补偿的形式实现）。非为了公司的利益，非由公司管理机构出面，任何人不得无偿使用公司的任何资产。

所以，那种认为自己投了资，是股东，是公司老板，就对公司人财物享有支配权的看法是错误的。

其次，这个做法直接损害了其他合伙人的利益。你家的狗占了公司的地、用了公司员工的劳动力，还花费了公司的水电，这些都要计入公司的费用总额，从而摊薄应给股东分配的利润总额。这部分费用虽然很小，但性质上是你的私人费用，不是为合伙人的共同利益而支出的，不能由别人为你买单。这看似一件小事，但是却侵犯了其他股东的利益，这是不道德的行为。

最后，这种事情的最严重性质是对规则的破坏。今天你让公司养狗，明天就有人从公司食堂拿菜，后天就有人把公司的钱拿回家。老板们都这样不顾家，那员工们还会珍惜吗？合伙人为了自己小家的私利，不尊重公司这个“法人”大家的尊严，久而久之，小恶必蔓延致大祸，“大家”就会垮掉了。

所以，作为合伙人，不要把自己或自己的家人利用一下公司的方便看做小事情，这实际上是涉及侵犯他人权利的大事情，千万不可小看这些“小事”。

17. 不要做先罪后良的事

由于社会的浮躁，也由于体制的问题，靠合法经营要想尽快赚到钱确实很困难。在利益的驱使下，有一些合伙人在公司初创的困难时期，来不及“细”，等不及“稳”，陪不起“诚”，企图采用一些不正当的手段去快速积累财富，淘到自己的第一桶金。这种现象具有一定的普遍性。

在实践中经常遇到这样的情况，有的人明知道这样做不对，但他们的理论是：我先捞一把，然后就从良。想做合伙人的读者，特别是刚出校门的年轻学生，要珍惜自己，要靠自己的劳动致富，要走正道。做公司就像做人一样，每一步都要走好，历史上不要留下污点，良心上不要留下遗憾。你做的不道德的事尽管别人看不见，但你的心看得见，心上有了污垢是擦不掉的。你可能成为一个富翁，但污垢会伴你终生，困住你灵魂一辈子，让你不得安生。

更可怕的是，如果你一旦走出了第一步，良心的底线被突破，就很可能被魔鬼牢牢地牵制和操控，让你一步步滑向深渊。到那个时候，不仅公司做不成，连做人都难了。

所以，合伙人是一个需要自律的职业。自律的合伙人才能成长为受人尊重的企业家。

社会上商人很多，但受到大家尊重的商人却并不多，可能大都是因为这个原因。

市场经济中有各种各样的赚钱方式，走正道才能赚大钱，赚永久的钱。

现在有不少商人遁入佛门，企图洗刷自己心灵上曾经有过的不道德，以求来年平安。但是，放下屠刀，就能立地成佛吗？

第二部分

公司设立中

一、签订合作协议书

经过前一阶段的思想准备，接下来就是重要的法律准备。前面已经谈到，大部分人在设立公司时，都是急急忙忙，既没有思想准备，也没有充分的法律准备。为对付登记机关，凑几个股东，凑一些资金，拷贝一个章程，就注册去了。

这里，有一个重要的环节被遗漏了，那就是游戏规则的制定。

游戏规则的制定必须先于章程，游戏规则是保证合伙人所有合法权利的关键，这个游戏规则的法律载体，我们称之为合作协议书。

1. 签订合作协议书的必要性

在实践中大家似乎没有注意到一个“改变”，就是当准备合作的几个人在制定公司章程时，其身份性质已悄然由一个“自然人”变为“准股东”了。

在什么条件下，自然人才能转化为股东，只要出资就可以吗？

大量的实践表明，很多的问题包含在这个转变中。这个转变承载了很多的权利义务问题，如果这些权利义务事前没有弄清楚，会给今后的合作带来巨大的麻烦。

具体是哪些问题呢？

这些问题包括：与谁一起合作，合作做什么，怎么合作，以及怎么结束合作，等等。

首先，合作肯定是需要找伙伴的，找谁合作？标准是什么？谁愿意加入？每个人有什么要求和条件？这是成立公司最重要的事情之一。合伙人之间的相互挑选有些类似谈恋爱，就像前面说的，除了脾气性格价值观等要相互看得上之外，还得要求对方具有我需要的优点和长处；但双方又不是恋爱关系，恋爱是以结婚为目的，而合作是以盈利为目的，前者需要双方无条件为对方付出，而后者则需要等价交换。因此，在合作中，合作伙伴之间具有的优势、资源、资本要论证清楚，相应的对价条件也要表达明确。

其次，干什么事？具体目标是什么，能否实现每个人的期望价值？盈利的营生有很多，根据合伙人共同的优势选择领域和范围非常重要，要有共同的战略目标和具体规划。在这个问题上，达成合意是十分重要的，必须有相同的认识和规划。

再次，怎么干？每个人的职责是什么？要遵守什么样的游戏规则？要负什么责任？怎么获取各自的收益？这些问题是最复杂的，因为涉及每个人的直接利益，涉及大家一起来做事的目的。由于每个人的情况不一样，本事不一样，能力不一样，所以，差别客观存在，而差别会导致利益分配的结果不一致。对差别的认识不准确，对每个人责权利的规范不适当，就会导致人们对分配结果的不满意。

最后，是怎么结束的问题，包括公司的终结、每个个体不定期的离开以及新个体的加入等。

以上都是设立公司最重要的事情，是关系到大家生死存亡的问题，需要认真讨论和处理。但是，在实践中，我们看到最多的情况却是，大家对上述细节一般不过问，都是热情大于冷静，侠义大于客观，在一句“咱哥们一起干，有福同享，有难同当”的豪言壮语中，公司热闹地开场了。这样开头的公司，注定是短命的。具有戏剧性的一幕是，在公司解体的时候，我们听得最多的一句话也是：“别提了，没想到这个人这么差劲！”

其实，问题的根源就在于从朋友转化为合伙人、从自然人转化为股东的过程中，若干法律性的约定没有成立，导致了这个转化的不成功，从而埋下了隐患。就像母亲在怀孕前后不注意科学孕育，结果产下了一个畸形儿一样。

那么，这些事在公司章程里不能规定吗？

不能。因为这些事都还发生在当事人成为股东以前的阶段，就像母亲处在还没有受孕的阶段。

没有血缘关系的几个人在一起创办一个公司，很多的事是需要大家一起商量和决定的，尤其是涉及人、财、物的事。这些大大小小的事必须先约定好了，大家才能开始设立公司。如果有人不同意某些事项，或谈不妥某些合意，这些人就可以选择不参与进来。反之，如果一旦签字同意所有的约定，就代表自己具有了相关义务，比如按照要求在规定的时间缴纳资金等。如果公司因不可抗力没有设立起来，这其中花去的费用你也得参与承担。

章程是在所有约定的事项谈好以后、设立公司以前签订的法律文件，谈好的标志是什么呢？不能是口头约定，必须是见诸文字的东西。这份文字性的东西就是合作协议书。合作协议书必须先于章程签订，只有签订了合作协议书的人，才具有了准股东的身份，才能参与章程的讨论和制定。

这就是事前约定制度的作用，而事前约定应该是在当事人成为股东之前做的事情，只有公司成立起来以后，准股东的身份才正式转为股东，以准股东身份签订的章程才开始发挥作用。

如果关于合伙开设公司的相关约定没有达成一致，大家也就不会再继续往下成立公司，也就谈不上起草章程了。同时，由于章程的特点（下节会论述），在章程里不可能对所有细小周全的事情进行约定，所以，如果没有一个文件来保护大家事前的约定，公司成立后就会产生一些问题，这些问题本来不大，但不说清楚，很可能就成为溃堤之穴。

用两个真实的案例来说明事前签订合作协议书的必要性。

案例一：有三个好朋友想合伙办一个公司，大家商定各自的亲属都不进公司，以免不好管理。但大家只是口头说好，并没有形成一份约定性文件。后来新来了一个股东，大家忘了在他进入公司之前把这个约定告诉他，后来新股东提出要安排他表弟进公司，其他几个股东说我们曾经有过约定，都不让亲属进来。由于没有任何书面的材料可以证明，这位新股东就有了看法，认为是几个老股东对他有防备，联合起来限制他、为难他。隔阂由此产生，以致这个公司不久就陷入复杂的人事纠纷之中。

案例二：几个朋友商定开一个餐饮店，需要其中一个合伙人把自己的靠街住房改造成经营房。由于没签合作协议，也没约定预算、经手和监督等问题，只口头约定改造费大家分摊，结果，改造完成后，其他人认为钱花多了，觉得那位合伙人是想占大家便宜。而那位合伙人更觉得委屈，自己把家人搬走不说，还辛辛苦苦地折腾装修，到头来还被人怀疑人品有问题，因此，寒心了，不愿意再干了。但是，这些花出去的钱怎么办？别人都不给，最后还告到了法院，据说法院也因为当事人缺乏证据无法审理。

另外，设立公司需要花不少钱，还要跑不少路，干不少事，这些都由谁来负责，大家怎样出钱，谁来监督？如果公司一旦不能成立，相关的支出和损失怎么计算，怎么承担等都是要事先说好的事情。

从以上的例子和实践可以看出，有些问题是必须在成立公司、进入公司以前说清楚，原来没说，或没有明确说，之后遇到这样的问题时再来说就容易造成误会，虽说是正确的事，但在不适当的时间来说就可能造成不好的后果。

当然，对于新进入经营领域的人来说，好多事情并不可能事前想到，都是出了问题后才后悔。也正因这样，本书才花大量篇幅强调这个环节的重要，提示读者关于这个领域内的一些重要问题，建议大家一定要充分认识签订合作协议书的重要性和必要性，只有这样，才能有效地保护自己的合法权益。

2. 合作协议书的法律地位

在了解合作协议书的法律地位之前，应该先了解关于契约的知识。

契约是合伙人一切行为的准绳和规范。

前面讨论三种人际关系时已提到合伙人之间的关系是一种经济关系，而这种经济关系是靠契约来维持的。

契约是现代社会的产物，是市场经济的重要标志之一。

在奴隶社会，大部分人没有独立的社会地位，连生命也不属于自己，是从属于别人的奴隶。

在封建社会，虽然人们的生命有了基本的保障，但人们的思想和行为没有自由，是听从别人命令生活的机器。

只有在现代社会，人才获得了真正意义上的解放，根本改变了从属的地位。身份平等、人格独立、行为自由成为这个时代的主要标志。

契约是现代社会的产物，所以现代社会也被称为契约社会。

合伙人之间的契约可以这样来理解：一群身份平等、人格独立、行为自由的人，相互表达真实意思，设定为一个共同追求的目标一起工作，并约定遵守相关的行为规范。

在这里，没有强制的外部力量，也没有尊卑贵贱的内部身份，每个人的独立意志就是自己行为的依据。具有不同意志的独立个人经过平等协商，产生出一个共同的意志，而依据这个共同意志制定出来的制度就是这个组织的法律，所有的人都必须自觉地遵守，也都必须接受这个法律的管束与制裁。

这个组织的法律就是契约。合伙人之间的合作协议书就是契约的一种。这就是合作协议书的法律地位。

合作协议书是一份行为规则。如果大家签了这份契约，则开始了设立公司的过程；如果公司设立成功，各契约人的身份就从自然人转变成了股东，这时，除遵守契约的规定之外，还应遵守公司章程的规定；如果公司设立不成功或公司设立后终止，各契约人还以自然人的身份，按照该契约的规定处理相互之间的权利义务。

该契约属于合同法范畴，该契约没有规定或规定不清楚的地方受民法调整。

契约的内容与章程的内容各自不同，但在一些方面有交叉和重复。交叉和重复的原因是因为合作协议书中有一些涉及商法的部分被《公司法》要求写入公司章程，受到了更为强制性的调整和规范。

两个文件相比较，合作协议书是自然人之间的契约，因受民法调整，所以以任意性为基础，约定的事项比章程更宽泛；而公司章程是一个公司法人（机构）内部各股东之间的契约，任意性与强制性共存，因受公司法调整，对相关事项的约定要按照法律的要求办理。

3. 合作协议书的性质和作用

合作协议书是规范各相关当事人，在共同设立公司、共同经营公司以及期后事项的整个过程中的行为准则。

合作协议书是合伙人进行合作事业的基础，是连接各个合伙人、组合相关资源、保障其运行方向的最重要的纲领性文件。

合作协议书的主要作用体现在以下方面：

保护各合伙人的合法权益。公司的设立、经营及终止涉及相关合伙人一系列的民事行为，因此，事先对这些问题做好预判，并制定相应的解决方案，有利于妥善解决设立过程中、设立不成以及设立后因公司终止产生的相关问题，以保障各方当事人的合法权利。

约定一些不宜对公司登记机关以及公众公开的事项。前面说过，自然人之间有好些约定是根据各自特殊情况产生的，具有私密性和独特性，很多人不愿意把其写进章程中。但是，如果不记载下来，人们的权利义务又得不到保障，所以，合作协议书就是一份很好的法律载体。

解决公司的重大经营问题。章程仅约束公司的权力机构（股东会）和管理机构（董事会），并不约束公司的经营机构及经营行为。在小企业中，合伙人一般都是经营人员，而在经营过程中，由于公司初创，管理还不规范，会有很多随机发生的事情无章可循，需要当事人很快做出决定。如果事事都要找所有的合伙人一起商量，必定影响效率，但如果没有商量就擅自做出决定，尽管当事人认为自己出于善意，但由于角度不同或思维方式不同，其他人往往可能不理解或不赞同，导致出现误会。所以，规定一些主要的原则，对所有的合伙人都有好处。为了稳定公司的经营模式，一些合伙人在合作协议书里对主要的经营核算方式也事先做了规范，这样，不管是谁来当总经理，股东也好，某股东推荐的人也好，都要按照既定的经营方式来操作，最大限度地避免了人为因素，也避免了误会的产生，较好地保障了公司的正常运行和各方的合法权益。

解决公司的核算体系和分配制度等关键问题。核算和分配是所有公司的敏感问题，也是最重要的问题。《公司法》要求公司章程必须规定分配中的公司留存问题，但并未涉及公司内部具体的核算与分配关系。而这种具体的核算和分配规则却是事关合伙人利益的重大问题，必须在合作协议书里予以明确，从而使得每个合伙人清晰地知道自己付出的劳动与回报之间的关系。这是一个很重大的问题，对于保护合伙人的合法权益，对于公司的稳定发展具有重要意义。

4. 合作协议书的主要内容概述

合作协议书的内容因公司的类型、所处的行业以及合伙人各自的具体情况不同而不同，所以，没有统一的格式，内容也不尽相同。但是，合作协议书需要解决的问题则基本上一样，因此，约定的事项主要涉及三个方面：人的问题，事的问题，钱的问题。

（1）关于人的问题

人的问题涉及两个方面，一个是股份的问题，另一个是职务的问题。

股份问题是股东层面的问题。在这个部分，需要在合作协议里写清楚的内容包括：

1）持股份额问题

每个人的初始股份问题是个很敏感的话题，对于原始股的分配，既关乎利益，也关乎地位和尊严，大家都会很在乎。但是，由于受传统观念的影响，大家羞于交流，往往因处理不好而引起矛盾或埋下隐患。

在实践中，一般使用以下几种办法来解决这个问题：

一是由主要的发起人绝对控股。在创业的过程中，大部分的小企业都有一个主要的核心人物，是他牵头邀约几个好友一起来设立公司。这个核心人物应该拥有主要的和决定性的资源，并且得到其他合伙人的认可和尊重。在这种情况下，由发起人绝对控股是较为合理的持股方式。核心合伙人的股份必须与自己拥有的资源匹配，而不要为了照顾感情而让自己少占股份，这样会给今后的经营埋下隐患。在核心人物绝对控股的同时，要注意其他人的持股问题。其他合伙人的持股比例相同，对能力强的人不公平；持股比例不同，怎么量化到每个人，怎么让被分配人没有意见，这些都是细小但又十分敏感和重要的问题，要认真对待，要花时间把工作做细。有的公司为避免矛盾，采用核心人物代为持股的隐形方法来解决这个问题，这是很不好的办法，纸包不住火，一旦出现问题，将会是致命的，要尽可能避免这种做法。

二是同比持股。在合伙人资源较为均衡的情况下，建议采用同比持股的办法，每人所持股份数额相同。这个办法的好处是充分体现了对每个人的尊重，大家都感到了充分的公平，暂时不会产生矛盾，这对于创立时期的公司十分有利。

但是，应该在合作协议书中规定出股份可随资源变化调整的原则和办法。因为随着公司的发展，各合伙人的资源、能力、贡献也会发生变化，只有及时评估并做出对股份的调整，才能保证永远的公平，保证公司的长期稳定发展。

同时，为防止产生因意见不同相互制约、影响效率的状况，还应就相关重大问题的表决约定出议事规则。

三是相对控股。《公司法》规定，有些重大事情必须获得三分之二以上股份的同意才能通过。如果一个股东持有的股份尽管只有35%，他要是不投赞成票，其余65%的股份也不能够决定这些事。初期的小企业根据各自的情况，有的是采用一人对其他人相对控股，而有的是采用其他人对一人相对控股。

四是分层持股。对于合伙人较多，同时资源能力相差较大的公司，可以采取分层持股的方式。相同资源的归为一层，在同层内可均匀持股，也可不均匀持股。股份总额根据资源层数做出划分，每层可按相同比例分配股份，也可根据具体情况将大部分股份划归核心层或其他层。在不少的科技型企业，尤其是软件开发型企业，为了既留住人才又保证公司的战略方向，大都使用分层持股的办法。

五是其他持股方式。有的团队在初期时，为了既保证公司的稳定和效率，又照顾到大家积极性的发挥，在股权的行使方式上做了调整，把话语权和收益权分开，即具有核心资源的人可以占有相当比例的股份，甚至是绝对控股，但是，在分红时则低于所持股份的比例或与大家平均分利。这表面上的不公平实际却有良好的效果，具有核心资源的人会努力证明自己，而其他人也会抱着歉意的心情去尽力付出。这种方式极大地防止了误会，减少了不安全、不公平心理，对公司快速稳定地度过初创期有很大的好处。但是，这种方式使用的时间不宜太长，1～2年即可，否则就会让实际的不公平毁掉核心合伙人的积极性，导致公司的失败。

到底哪种方式好，没有定论；不管采用哪种方式，都要根据各公司合伙人的具体情况以及相关因素来决定，适合自己的，就是最好的。这就要求创业者从一开始就要学习用正确的理念来处理问题。所以笔者十分强调理念转变的重要，十分强调学习商文化的重要。如果每个合伙人能既相互尊重又承认差别，既不羞于谈钱又能真诚交流，就会设计出一种大家满意的股份比例方案。

2）持股人之间的股份变化问题

股份变化问题是实践中普遍遇到的难题。随着公司的不断发展，也随着各种情况的不断出现，股份比例的变化是不可避免的。其中，有由多变少的情况，也有由少变多的情况，还有全部出让的情况。从人的心理看，谁都不愿意自己的股份被减少，股份变化时，谁都希望不吃亏。因此，涉及利益问题时，情况往往会变得十分复杂。

解决这些问题，关键是要事先设计好股权变化规则。《公司法》规定，非股东本人自愿，任何人无权变化其持有的股份比例。所以，如果事先不说好转让的原则、价格计算方式以及相关程序，到时就很难操作。

在实践中发生的很多案例都是因为股权转让的纠纷引起。有的合伙人已经离开公司，但拒不让出股份；有的索要高价的转让费或提出其他苛刻条件；还有的为此撕破脸皮打官司，等等。这不仅极大地影响了合伙人之间的感情，也影响了公司的正常运营，产生的破坏作用极大。为此，笔者提倡在合作协议中，对合伙人持有股份的增加、减少、转让及退出等各种变化情况尽量做出相关的约定。

3）用什么资产出资的问题

对小企业来说，创业者初期的资金状况都比较紧张，不少人都愿意以实物或者无形资产出资。如何根据每个人的情况确定出资方式，也是一个事关公平的问题。比如说，有的合伙人想用私车出资，有的想用自己的家具电器出资，还有的想用字画、专利权、专有技术出资，甚至还有想用自己掌握的资源，如人脉关系、客户渠道等出资，这就涉及对这些资产的价值认定，有的可以经过评估，有的无法评估，有的可以登记在章程上，有的却不允许作为资本注册。诸如此类的问题，都要经过讨论、沟通、界定，找出解决办法并明确写入协议。这不仅关系到价值上的公平，还关系到资源人应该承担的责任。公司如果不成功，以有形资产出资的合伙人都会有损失，但以无形资产出资的合伙人没有直接的损失，应当怎样让所有合伙人合理均担责任，这些都是需要讨论清楚的问题。

职务问题是管理层面的问题。在大部分的小企业中，出资人也同时担任公司的管理者，这是由于小企业劳资结合紧密的性质决定的。因此，各合伙人如何分担职务，如何被赋予不同的权利，也是一个敏感和难以处理的问题，必须事先说好。

合作协议里要写明以下三方面的内容：

1）怎么任职的问题

怎么任职的问题，也就是任职资格和任职程序的问题。公司的职务一般有董事、董事长（或执行董事）、监事、总经理、法定代表人等。什么人担任什么职务，根据什么来决定，以及任期多长等事项，是一个公司组织机构的重要内容，必须事先约定好并写进合作协议中，以保证合伙人的合作意图得到实现。

公司经营成功与否，与直接管理的人员有很大关系，这涉及合伙人的利益，因此，合伙人的任职问题必须事先谈妥。比如，如果有人认为拟担任总经理的合伙人的管理水平不行，那他可以有两种选择：或要求改换总经理，或在出资前选择自己退出不再参加合作。如果不事先说好，公司设立起来以后再后悔或因此出现矛盾，就会给大家带来不必要的麻烦。所以，事先约定合伙人的职务，是对合伙人真实意思表达的充分保障，这对公司的健康运行十分重要。

职务约定一般都是根据各公司的具体合伙人的情况来决定的。在职务的约定中，考虑公司特殊人物做出特殊约定的情况一般比较多。比如，法定代表人、董事长甚至总经理往往都可能由那个主要的发起人担任，这是自然而然的事。有的公司合伙人甚至约定，主要合伙人可以无限期地担任法定代表人和董事长。

需要提示的是，关于上述内容的约定不一定要遵照格式章程的要求，也不一定要服从《公司法》的规定。比如，《公司法》规定董事的任期一般是三年，没有特殊原因不得撤换。但有的公司就在合作协议里约定：在一年内，不能提出三项改革方案的董事，自动失去董事资格。

2）职务权限问题

职务权限问题十分重要，关系到很多细小的方面，如果事先不约定清楚，遇到问题时很难不产生误会。

在实践中往往会遇到这样的情况，因为公司很小，没有层次分明的管理机构，而遇到的事情又很多、很杂、很细，所以董事长与总经理有时很难以职务划分职责；又因为没有具体约定，分清谁该做什么事，往往出现都不管或都在管的情况。如果是一人身兼两职还好一些，反正对错一人承担；但如果是两个人分任，有时就会产生混乱，遇到行使职权的时候，大家似乎都想做主，但遇到麻烦的时候，两人都觉得似乎应由对方负责解决，误会和矛盾往往由此产生。

有一个例子，一个公司宴请一位客户，定哪个饭店花多少钱，董事长和总经理两人的意见不一致，都希望按照自己的意见办；后来因这个客户欠公司的债，客户要求用汽车抵债，两人的意见又发生分歧。其实，前者是总经理的事，后者因数额太大，超过总经理职权，应该是提交董事会的事。当然，可以互相商量，但应该有一个主次。

另外，对于管理者的监督也要明确约定，以保障其他合伙人的权益。很多公司没有担任管理职务的合伙人实际上是无法监管担任管理职务的合伙人的，在利益受损时因缺乏监督和制约手段而感到无可奈何。如果不做细致的约定，就会产生这样的状况：有的管理人在出现过错时，会为自己开脱，认为自己是没有经验，是摸着石头过河，所以难免处置失当。而非管理人则往往会感到管理人应该知道正确的处理方法，所以认为他是故意的或是不负责任的，有些误会和矛盾也就因此产生。因此，在合作协议里根据“用人也疑，疑人也用”的原则，事先约定监督措施和防范权限，而且越细致越好，以便防止损害其他合伙人利益的情况发生。

管理人也必须要有受监督的意识，不能认为“我是董事长（总经理)，就得我说了算”。也只有这样，大家才不会极度看重职务，去争抢公司职位，非管理人也才不会担心利益被损害，大家才会心情愉快地精诚合作。

3）职务收入问题

在实践中，笔者往往能听到管理人的抱怨，说操心的人干了很多事，但工资不比其他合伙人高，很冤。这样的情况确实不少。在小企业初创时期，经费一般都紧张，为了体现同甘共苦，大家一般都拿一样的工资（收入），在这种情况下，对担任主要职务的合伙人确实有些不公平。

在实践中，担任职务的合伙人往往不好意思要工资，有的长期忍受内心不愉快，而有的就消极怠工、发牢骚，也有的动了歪脑筋，利用职权从各种渠道给自己补偿。这些不健康的做法往往导致合伙人之间的误会和不愉快。

而没有担任职务的合伙人却认为有职务的人股份多，就应该多负责，挣了钱他还多分呢！而且，当“官”的又不干具体工作，没有不当“官”的累，我们在公司加班，而董事长总经理却不加班，我们比他辛苦多了。

其实这是不正确的看法。首先，股份是要等有了红利的时候才能体现出来，在公司亏损时，不仅没有分红，而且还要赔钱，股份多的出资多，出资多的就已经赔钱多了；其次，担任管理职务的合伙人付出的劳动在强度上比其他合伙人更大，尤其是在公司初创时期和公司亏损时期。不在管理职位上的合伙人，有时是不能理解和感受这份劳动强度的。

每一个当过公司老总的人都有这样的感觉，他们虽看似不劳力，但他们劳心劳神甚至劳命，干的是一种耗心耗血的事情。笔者当总经理的时候，连做梦都是公司的事，内有千般事，外有万众神，都要应对，还不能出错。大脑几乎没有空闲的时候。这种劳动强度如果得不到收入的合理补偿，确实是不公平的。

所以，应该给每个职务确定适当的收入标准，并在合作协议中予以明确。当然，同时要规定管理人的任务目标和考核标准，不提倡在公司中使用没有功劳有苦劳的理念，因为公司是要赚钱的，对虽然尽心尽力但却不能胜任的管理人要有撤换条款，以保证股东的付出得到合理的回报。

（2）关于事的问题

事的问题也有两个方面：一是议事的规则，二是具体的经营规则。

1）关于议事规则

股份从性质上来讲，具有两项基本的权利，一是收益权，亦称分红权；另一是话语权，亦称管理权或表决权。一般来说，合伙人的上述权利体现在股东会层面。在另外的区域，股东的这两项权利是没有空间的。但是，初创的小企业不一样，它有着自己的特点。由于这种公司的合伙人在初期既是股东，又是管理人员，还是被自己公司雇佣的员工，所以，他们希望在各个层面都能体现出收益权和话语权。

所以，根据上述身份定位，合伙人的话语权表现在三个层面：一是上面提到的股东层面，二是管理层面，三是员工层面。

那么在这三个层面怎么体现和保证合伙人的收益权和话语权呢？应该靠议事规则来解决，在合作协议中约定好这些规则以保证合伙人的权益。

经营一个公司，面临千头万绪，需要商议决定的事情很多。如果是发达的公司，有分管的部门和机构，议事和行事都有负责人和规则；但初创的公司，没有这些完备的辅助机构，也没有条件配备专人来管理相关的事务，很多事情经常要由合伙人共同来拍板。为了既不影响效率，又保证合伙人的意志能得到表达，很多公司在合作协议中约定了比《公司法》更严格的规定，以保证所有合伙人的话语权。

首先，扩大了议定的事项范围。根据《公司法》的要求，涉及公司的大事，如经营方针、分配方案、修改章程以及公司分立合并等重大事项，要提交董事会或股东会讨论，其他经营中的具体事项就由经理层决定。但是，不少小企业却按自己的情况列出了大大超出《公司法》规定的事项范围，不管这些事项是涉及股东层面的，还是涉及管理层面的，甚至仅仅是员工层面的，只要合伙人将其约定为重大事项的，都必须提交董事会或股东会讨论。例如，关于公司是否借款给某人或某机构的问题，关于公司聘请财务人员的问题，以及关于是否给职工发生日礼物等问题。

其次，表决条件更为严格。根据《公司法》的规定，股东会议事时，股东按照所持股份表决；董事会议事时，实行一人一票制，议事规则为提议过半数或三分之二就可通过。但有些公司约定，股东会讨论重大事情时，不实行按出资份额表决，而实行按人头表决。董事会讨论重大事件（列出细项）时，必须经董事会全票通过才能执行。有的甚至还规定董事长有两票，或每年有一次否决票。

最后，对个别事项做出限制性规定。《公司法》规定，股东有权转让自己的股份，内部无人受让时可自己向外部转让。但不少公司对于这种事关人身问题的事项，则做出了限制性的规定。有些公司约定，新股东的加入，必须经全体合伙人一致同意。

这就是小企业的特点，极大地体现出“人合”的特征。这些事情看似很小，但对初创公司十分重要。由于是初创，大家关注的东西也就很细微，必须适应这个阶段公司的特点，把事情做细，讨论清楚，并写入合作协议书，大家都来遵照执行。随着公司的发展，随着大家之间的磨合，大家对问题的看法会自然发生变化，小事情就不会再成为矛盾的焦点，公司长大了，合伙人也就成长了。

2）关于经营规则

与议事规则不一样，经营规则更多是关于经营的具体事项，如果说议事规则是每个公司都会遇到的共性问题，那么，经营规则则是公司因行业、经营方式不同而产生的个性问题，一个物流公司与一个餐饮公司就具有完全不同的经营规则。如何根据自身情况商定具体的经营条款，以保证各合伙人的收益体现，也是保证合伙人之间能愉快合作的重要事项。

经营规则有很多内容，但是关键的部分有以下方面：

一是核算规则。举一个物流公司的例子。有一个物流公司的几位员工，在七年前感到物流市场大有可为，决定出来联合创业。由于事前都熟悉物流行业的流程，清楚掌握每一个环节的工作和成本，而且，每人对各自的能力具有充足的信心，因此，大家根据物流行业的运行特点，根据合伙人的具体情况，事前设计出一种全新的游戏规则，既不按照全公司核算，也不按照部门核算，而是按照每单每人核算的办法来经营业务。经过商议后，他们签订了一份合作协议书，约定的内容只有关键的两条：第一条是个人揽到的业务收入归个人，第二条是采用与公司分账核算的方法来分摊成本和分享收入。大家说好以后才开始投入经营，结果，这种核算方式让大家愉快地合作了若干年，直到如今公司仍然健康发展。现在，该公司已经发展成为西南地区排名靠前的大物流公司了。值得一提的是，这几个合伙人仍然沿用着这个约定，只是内容比原来更详细、更合理了。

二是用人规则。比如，有的公司在人员招聘方面事先约定了不招聘亲戚的规则，而有的公司却约定“举贤不避亲”的规则；有的公司虽然约定可以举贤不避亲，但限制每个合伙人只能举荐不超过两人，并规定亲戚不能担任公司高级管理人员；亲戚若给公司造成损失，则由这些亲戚的合伙人负责赔偿。这些规定若不事先制定，遇到情况再来处理，就会既增加难度，又容易在合伙人之间产生矛盾，所以有必要在合作协议中进行明确。

三是费用管理规则。比如，有的公司规定只有总经理签字才能报销费用，但有的公司却规定凡属于不能报销的费用，总经理签了字出纳也不能报销，而要交由合伙人会议讨论审核后再做处理。

四是经营战略规则。比如，有的合伙人对公司战略方向做了约定，商定在一定时期内不扩大地域，不扩大规模，不调整经营方向，以保证稳定性；而有些合伙人却以尽快上市为目标，成立公司就是为了卖掉公司；还有些合伙人是为了其他的一些目的。只要是符合国家法律不损害公众利益的行为，合伙人的任何约定都是受法律保护的。但重要的是要在合伙前把自己的诉求与其他合伙人沟通，得到认可后，用约定的方式写在合作协议中，这样，对自己负责，对其他合伙人负责，对公司的稳定运行负责。

在此，建议每个合伙人要在加入合伙以前对自己的诉求要有清晰的思想，知道自己想要实现什么目标，也知道自己想要通过什么方式来实现自己的目标。

（3）关于钱的问题

钱的问题其实就是分配制度的问题。人们开公司就是为了赚钱，但赚到的钱如何分配却是一个十分需要智慧的问题，也是大量的小企业合伙人产生矛盾导致公司解体的关键问题。

对于小企业的合伙人来说，公司中有三个分配层面与自己有关系，一是作为员工领取的工资，二是与管理业绩挂钩的奖金和福利（如果担任管理职务），三是股份的分红。一般地说，一个公司中各合伙人的上述收益是不一样的，因为每个人的能力、职务、资源、贡献不可能完全一样，那么根据什么标准来制定这些分配规则、数额和比例，要事先做好约定。

在这个问题上，各合伙人都有权利和义务参与讨论和制定具体办法。在这个过程中，要善于学习前面提到的各种理念和观点，善于换位思考。好的合伙人在制定规则时，不仅考虑自己能从这个规则中的受益问题，而且要考虑到用这个规则别人是否能有收益，如果大家通过努力均有收益，那才是一个好的规则，公司才有发展的可能。

但是，这项工作一定要在公司成立以前做，一定要在事前进行约定，在赚钱行为开始以前约定好如何分钱。这是合作协议的最重要内容之一。

说得通俗一点，不管以后大家是否能赚到钱，反正分配就按照这个原则来定，这个原则要事先约定好，并且白纸黑字地写下来。没有钱的时候，大家讨论分配原则，就事论事，心里没有障碍，容易在冷静理智的状态下制定出合理的规则来。就像先定好总经理这个岗位的工资标准和考核指标，再来招聘陌生人一样，不管是谁来干都是这个价。如果等人来了再定标准，再谈考核，就会使事情复杂很多，有些事情就很难当面说出口。有人说，还没有赚到钱，谈这些没有意义，等到赚了钱再说。但实践证明，赚了钱以后再来讨论分配办法就很难办了，大家的心态会有变化。钱摆在眼前，谁都想多分一些，这个时候再来讨论分配规则，很难做到公平公正，这是正常的心理现象。钱是佛也是魔，当魔鬼已经跳出来再要想把它关回去，难度就大了。所以，事前制定分配规则，是避免很多人"可以共苦，不能同甘"现象的好办法。同时，事先制定好分配规则也能极大地调动大家的积极性，不仅使每个人的努力具有明确的目标，也能保证按劳分配思想的落实。

前面提到过类似的例子：领头的人说，大家跟着我干，我不会亏待大家，我吃肉决不让你们喝汤。但是，大家都忽略了一个标准问题，就是这个领头的人心里的吃肉标准与其他人的标准可能不一样，大家对预期目标也没有进行沟通，更谈不上制定办法进行约定。因为还没有赚钱，所以，领头人心里也没有要分给大家的数额，大家心里也都没有数额。

在这里，主要合伙人表达的是一种态度，大家呼应的是一种信任。其实这都不是基于财产关系的商领域的思维方式和行为习惯，而是一种基于人身关系的朋友之间的思维方式和交往习惯。最难办的事情是，如何衡量对方的工作努力程度，在主要合伙人心里和其他合伙人心里也没有一致的标准。到最后，主要合伙人只能凭着自己的感觉和到手的钱数来进行分配。结果，其他的人认为拿出来分的"肉"太少了，与期望值不符，认为主要合伙人"太黑"了，误会和矛盾就这样被"制造"出来了。久而久之，公司也就搞不下去了。

其实，这就是因为分配方案的事先约定工作没有做好产生的恶果，一个小细节被忽视了。如果大家事前讨论制定了公平的功效挂钩的分配方案，每个人就不会因钱少而怪罪别人了。要是经过检验，证明分配方案不完善，那么就在下一次分配以前重新修订分配方案，但这一次的分配结果不能改变了，因为已经约定好了，就得按约定办事。这样，大家就会全力去讨论和完善分配制度，使之更公平更合理，而不会把这个问题转化为人与人之间的矛盾。这样的结果对于公司的发展就具有了正向的推动力，同时，合伙人也就成长了。所以，在人力资源领域有一句名言：好制度使人进步。

之所以反复强调要在合作协议里对重大事项进行事先约定，其全部目的就在于要减少矛盾的产生，减少合伙人之间的误会和摩擦，以维护合伙人之间相互信任的基础，使之愉快合作。

5. 合作协议书主要内容目录

前面已经提到，合作协议书的内容因公司的类型、所处的行业以及合伙人各自的具体情况不同而不一样，所以，没有统一的格式，内容也不尽相同。要根据合伙人的具体情况，根据拟从事行业的具体情况，由大家协商议定。

为了帮助初涉商领域的合作者，本书给出一些参考目录。读者在使用时，可根据自己的情况删繁就简，也可充实增加，或弃之不用。因为这只是一个方向索引，仅供参考。

需要强调的是，这里虽然给出了一些模式，但是仅仅是一种类型。其实，本书所谈到的合作协议书是没有格式要求、没有内容要求，也没有其他限制性要求的一份任意性法律文件，完全根据协议人的需求来制定。比如前面提到的那个物流公司的合作协议就只有两条内容；而本书后面所附的参考案例中，有的合作协议仅就股权问题作了约定。合伙人想要约定什么事，想怎么约定，都要根据具体情况来决定。

重要提示：

一定要对想约定的事进行约定，而约定必须要在事情开始操作以前进行。

约定不能违反国家的法律法规，不能损害社会公共利益。

以下是应该约定的主要内容：

出资人资格

出资人出资比例及出资方式

最高持股限额

出资人资格丧失的规定（自动丧失和被动丧失）

股份转让规则及价格的计算方法

股东退休的待遇及相关事项

议事规则

管理人员任职条件

管理人员职责

经营战略规则

核算制度

费用管理规定

分配及奖励制度

公司设立不成时的责任分担

其他特殊约定

为帮助大家了解相关问题，本书后面附有一个合作协议书的参考案例，并附有简要说明，供读者参考。

二、制定公司章程

1. 公司章程的性质和作用

公司章程是公司的宪法，是公司运行的总则。按照《公司法》的要求，公司章程要在公司的成立宗旨、运行时期、住址、结构、组织机构等多个方面作出明确的规定，以保障该组织在法律框架下的正常运行。

2. 公司章程与合作协议的区别

根据《公司法》的规定，成立公司必须制定公司章程，而且必须按照《公司法》的相关要求和格式来制定章程。

那么，章程与合作协议书的关系是什么？遇到事情是按照章程的规定还是按照合作协议书的规定来办理？

要回答这些问题之前，应该先了解章程与合作协议书的区别。

章程与合作协议书的主要区别有以下方面：

（1）规范的时间空间不一样。章程规范的时空范围是公司成立后的所有事项，而合作协议书规范的时空范围则包括公司设立前、设立中、设立后及终止后的各个阶段事项。

（2）规范的权利主体不一样。章程是以股东作为权利主体，按照《公司法》的要求做出的对相关事项的规范；而合作协议书是以自然人作为权利主体，按照各合伙人的要求，对涉及的事项做出约定。

(3) 修改程序不一样。章程的修改相对固定，而合作协议书可以随时修改。《公司法》规定，修改章程需要开股东大会，修改的事项必须经一定比例的股份通过（个别事项除外），并要及时报登记机关备案，否则不受法律保护；而合作协议书的修改相对灵活，可以根据合伙人的意愿随时修改，修改后的合作协议书一经双方当事人签字即可具有法律效力，受法律保护。

(4) 私密程度不一样。章程相对公开，而合作协议书相对私密。章程除必须向公司登记机关呈送外，其他第三人也可以通过法律渠道得知章程内容；而合作协议书却相对私密，不必报送政府机关备案，除合伙人外，可以对任何第三方保密。

(5) 格式要求不一样。章程的格式相对规范，而合作协议书的格式相对随意。章程必须有章、节、条、款等，并且有法律要求必须具有的条款，有的条款还必须与法律规定保持一致；而合作协议书没有一定格式和规范，也没有强制条款，全凭合伙人之间的合意而定。

(6) 内容不一样。章程的规定相对原则，主要就大的问题作出规范；而合作协议书相对灵活，可以就合伙人认为应该作出规定的任何大小事情进行约定，内容比章程多，比章程细。

了解了两者的区别，我们就会发现，章程产生于合作协议书之后，并贯彻执行了合作协议书的精神和内容，合作协议书应该是更基础的法律文件。遇到事情时，章程有规定的按章程办，章程没有规定的按合作协议书办。

3. 制定章程应该注意的问题

一般情况下，公司注册机关都提供规范的章程样本供注册者参考。但是，很多公司对章程的制定工作都不太重视，几乎都是按照样本照葫芦画瓢，全部照搬。

登记机关在提供的范本上，一般都按照《公司法》的要求把一些共性条款写好了，需要出资人补充的部分是采用以下两种方式来预留空间的：

一种是填空的方式，比如：出资人________。

另一种是提示的方式，比如：需要规定的其他事项________。

但是，几乎所有的公司注册人员都希望要填的空越少越好，而基本不去补充需要规定的其他事项。好像这个章程是为政府制定的，是政府给公司找的麻烦。更有一些帮助公司注册的中介机构，为了减少自己的麻烦，甚至帮助公司的出资人填写章程。一个中介机构的办事员可以在不到十分钟的时间内，帮 4 个公司完成章程的制作，真可谓流水化作业。除了前面的股东姓名、股份比例和公司名称地址等外，其他内容几乎千篇一律。

这么做的后果是可想而知的，没有发生问题时一般没有太多事，但一旦发生问题，没有办法解决矛盾，也没有办法保护自己和他人的合法权益，公司章程实际上成为一张废纸。

在制定章程的过程中，应该注意以下问题。

首先，在章程条款的制定上，要遵循三个原则：

(1)《公司法》有强制性规定的，要按照规定写，这些条款在公司登记机关提供的范本里一般都已经包括进去。

(2)《公司法》规定得不细的，合伙人认为需要的，要补充写具体，便于操作。

(3)《公司法》没有禁止性规定的，可以增加，但增加的条款不能违反国家法律法规的规定。

其次，在章程内容的制定上，要着重关注以下方面：

(1) 议事规则。重点是股东会、董事会、监事会等权力机构、管理机构、监督机构的会议召集程序、应该议定的事项、表决方式以及当有违反法律法规和公司章程的行为发生时，股东如何采用法律救济办法等，这是确保股东自己合法权益的重要方式。

(2) 公司高级管理人员的产生、职权及监管。重点是对董事、监事、经理和财务负责人等人选的产生规则、职权规定以及监督事项的制定。政治路线确定之后，干部就是决定的因素。公司高级管理人员的规范行为是公司正常发展的重要保障，他们的素质、品性与能力决定了公司的生命。因此，对他们的监督也是十分重要的工作。

(3) 利益分配规则。盈利是公司的目标，也是合作的目的。根据不同的资源、不同的出资方式，合理制定分配标准、分配原则和分配程序是公司的一项重大事项。与利益分配规则直接相关的是经营规则，其中重点是核算规则。

(4) 股权转让规则。公司出现股权变动是经常和正常的事，但如果股权变动受阻，或者因为股权变动的不规则打乱了公司原有合意模式的平衡，那么公司的经营和发展将遭受破坏，严重的将使公司走向毁灭。因此，股权转让是一个十分重大又十分复杂的事情，必须予以高度重视。

(5) 其他规则。合伙人的不同导致公司具有的特点和个性不同，就像世界上没有两个完全相同的人一样，世界上也没有两个完全相同的公司，而引领公司成功的因素往往是这些与众不同的特质。如何根据合伙人的特点来商定特殊的合意，制定特殊的规则，是成功经营公司的重要方面。

最后，要注意公司章程与合作协议书的一致性。

根据上面提到的公司章程与出资人协议书这两份法律文件的关系，要特别注意章程中相关条款与合作协议书的一致性。在章程之前，合作协议书已经由合伙人签字生效，因此，对于相关的约定条款，章程必须予以确认。在具体条款的规定上，如果根据法律的要求，不可能完全一致或者有所增加或减少，也必须在性质上和精神上保持两份文件的一致性。这样，才能不造成规范和行为的相互冲突，保证合意的执行，保证约定的严肃，保障公司运行的稳定。

4. 要充分使用法律给予我们的权利和空间

我国的《公司法》1994 年颁布，2005 年进行了修订。在有限责任公司部分，修订后新《公司法》更强调了人的合意，强调了任意性的精神，给了有限责任公司股东更多的自由空间，体现了更多的对股东间合意的支持。这是新《公司法》进步的重大体现之一。从修改的具体条款看，体现出的支持有以下方面：

一是支持了分配可以不按照出资比例。

如第 35 条规定：股东按照实缴的出资比例分取红利，认缴新增资本，但是，全体股东约定不按照出资比例分取红利的除外。

二是支持了股东会表决可以不按照出资比例。

如第 43 条规定：股东会会议由股东按照出资比例行使表决权；但是，公司章程另有规定的除外。

三是支持了对一般事项的表决方式可以自行约定。

如第 44 条规定：股东会会议作出修改章程增加或减少注册资本的决议，以及公司合并、分立、解散，或者变更公司形式的决议，须经代表三分之二以上表决权的股东通过。其余的议事方式和表决程序，由公司章程规定。

如第 74 条规定：对转让股权的章程修改不需要由股东会表决。

有的股东对转让股权问题是又不购买，又不同意转让，拒不在修改后的章程上签字，致使公司无法进行运行。第 74 条规定就是解决这个问题的。

四是支持了自行议定董事会、监事会的议事方式和表决程序。

如第 49 条规定：董事会的议事方式和表决程序，除本法有规定的外，由公司章程规定。

如第 56 条规定：监事会的议事方式和表决程序，除本法有规定的外，由公司章程决定。

监事会决议应当经半数以上监事通过。

监事会应当对所议事项的决定做成会议记录，出席会议的监事应当在会议记录上签名。

五是支持了对管理人职权的自行议定。

如第 50 条规定：公司章程对经理职权另有规定的，从其规定。

如第 51 条规定：执行董事的职权由公司章程规定。

六是支持了对股权转让规则的自行议定。

如第 72 条规定：公司章程对股权转让另有规定的，从其规定。

纵观上述各条的修改，无一不体现了尊重当事人合意的思想，也体现了国家对保障投资人权益的立法精神。合伙人应该根据《公司法》立法精神，在更多的空间里充分表达自己的诉求和合意，使每个公司都能将特色发挥到极致，提高每一个私人小企业的实力、生产力和性格塑造能力。

如果我们重视了这些条款的制定，充分表达了各自的诉求，并用认真的态度议定了相关事项，我们的公司就会避免很多人为的矛盾，大家就会从合作中获得愉快和成功。

第三部分

公司设立后

一般说来，经过第一阶段充分的思想准备，又经过第二阶段严谨的法律准备，接下来的事情就会容易许多。经过这样的优孕，生下来的孩子会比别的孩子结实，只要按照制定好的规则来操作，小企业就会在文明的环境中健康成长。

但是，作为公司来讲，还有一些问题是合作协议书和章程的规定都解决不了或者说不能完全解决的。这些问题一些需要改变思维方式，提高认识和修养；另一些则需要在管理环节上下工夫，从制度方面去进行规范。

一、两个重要的问题

1. 分清合伙人的多重身份及多项权利义务

在公司初创时，合伙人的身份一般都是多重的。比如，一个合伙人，既是老板之一，又可能是董事或监事，还可能是经营人员。这样，一个合伙人就具有了三重身份。与此相对应，权利义务也体现为三个不同的层面：作为老板，义务是提供资源，权利是获得分红；作为管理人员，义务是接受股东委托，制定公司的经营方针，权利是获得董（监）事报酬；而作为经营人员，义务是根据劳动合同，完成某一项特定岗位的工作，权利是获得公司发给的工资。

当一件事情发生时，作为合伙人，首先要分清事情是属于哪个层面，应该用哪种身份去面对，应该行使哪种权利或承担哪种义务。

如果不明确三种身份的区别，不清楚相关的权利义务，就处理不好相关的问题，就会搅乱公司运行的秩序。

有一个合伙人，没有担任董事，也没有被聘为管理人员，只是从事具体的技术工作。有一次，他迟到了，经理按照公司的考勤规定对他进行了处罚。这位合伙人情绪十分抵触，认为我是老板之一，这是我的企业，我迟到了一点有什么关系，你一个小小的经理竟敢处罚我，于是抗拒处罚。事情报到总经理那里，总经理认为应该坚持制度，就执行了处罚的决定。由于总经理也是合伙人之一，那个技术人员就认定总经理故意为难他，一气之下，决定要退出合作。事情越弄越复杂，由于技术人员的技术是该公司的核心资源之一，所以，又引起了技术权利、技术秘密、转让价格谈判等很多麻烦事，直接影响了公司的正常经营。

其实，不是这位技术人员道德良心有问题，而仅仅是因为他不了解相关的权利义务，公司在处理问题时方法也过于简单，致使小问题变成大矛盾。如果这位合伙人知道此时此刻自己的身份和权利义务，就不会出现这样的结果。在这种情况下，这位合伙人是员工身份，而作为员工，就应该遵守公司的纪律。如果你认为管理人员有问题，可以通过行使你的权利对他进行罢免或调换；如果你认为管理制度有问题，也可以通过行使你的权利来修改或完善制度。但是，当现任管理人员没有被调换以前，当现行管理制度没有被修改以前，你没有权利不遵守现任管理人员执行现行管理制度。

所以，明确自己的不同身份，合理处理不同身份所产生的不同权利义务问题，按照不同层面的规则行事，是小企业合伙人应该注意的细节问题。

2. 坚持公平诚信的行为标准底线

尽管强调了理念转变、合意沟通和规则制定的必要性，但是，在公司日常的大量行为中，可以用规则来约束的东西也仅是一部分，很多的事情是没有也无法用规则来约束的。遇到这样的事情怎么处理，是一个十分重要的问题。

诚信原则应该是所有行为的标准和底线。合伙人的行为应该遵循以契约为纽带、以公平为准则、以诚信为保证、以共赢为目的的基本道德要求。在提供给读者参考的合作协议书中，有一些非量化性条款。从表面上看，这些条款也许让人感到很“虚”，比如，在出资人资格的条件方面，规定了“诚信、智慧、专业、与人合作、勤奋进取”等标准，说它们虚，是因为无法用尺寸或斤两来量化。但是，这些却是必须写在里面的重要条款，它们必须存在，是因为它们彰显了一种文明，强调了一种精神，指引了一个方向，确定了这个公司平台的价值观。所有的约定、所有的行为都要在这个文明有礼的平台上经受良心的拷问。

当原先的约定情形变更时，或约定不够细致时，当所有的法律文件不管是章程还是合作协议书，或者是公司的具体管理文件都没有规定时，如何对待和处理遇到的问题，人们的心灵便成了无形的标尺。当人们的心灵里充满了公平诚信的标准时，最为精确的约定都相形见绌。

所以，即使有了合作协议书和公司章程，即使有了无数的管理文件和条款，但公平诚信仍然是最高的法律，是人们所有行为的标准底线。如果能对此有充分的意识，而且都能将此奉为行为准则的话，那么，这样的合伙人没有不成功的。

二、在费用控制方面的建议

对于初创的小企业来说，经费紧张是普遍问题。如何既节约成本，又保证合理开支，还不引起合伙人之间的矛盾，是一项需要智慧的工作。

本书将一些公司的做法介绍给大家，供参考。

1. 尽量不购买可以由个人管理的固定资产

很多的小公司，刚一成立，就开始给相关人员配汽车、配笔记本电脑、配手机等。其实，对于这些主要由个人使用，个人可以管理，而且在自用和公用方面又无法严格区分的东西，应该采用鼓励个人购买、公司给予一定补贴的办法来处理。它有很多好处，比如个人的东西自己会很爱惜，不会形成浪费；相互之间不会攀比，可以量力而行；额度管理比实报实销更为可控和计划；使用人也不会遭受公物私用的误会，既维护了尊严又避免了人为的矛盾；公司还可以免去这方面的监管成本，节约人力财力等。

2. 建立成本核算制度

成本核算制度是有效管理公司费用的好办法。小企业初创时建立严格的成本核算制度更是十分必要的。

成本核算制度不是不花钱，而是通过管理使钱花得更有效和更节约。

在企业初创时，核算制度的重点要放在对费用的管理和控制上。这种管理和控制，除去对日常必需的花费精打细算以外，主要的是对一些模糊费用的核算控制。

什么是模糊费用？模糊费用是一种通俗的说法，一般是指用途不十分明确或没有直接责任人和受益人的费用，比如“招待费”“单独差旅费”等。建立核算监控的主要方法是将此种费用与相关的个人行为挂钩。

如何与个人行为挂钩？有两个案例供参考。

例1 “朋友餐”费用

经营酒楼饭店的合伙人都面临这样一种情况，当自己的朋友来消费时，朋友都希望能有些优惠甚至免单，而合伙人出于当老板的面子，也都不好意思拒绝。但是，每个合伙人来的朋友不一样多，而且消费也不一样多，如何才能防止个人占便宜其他人吃亏的情况呢？有些公司就商定用核算到人的办法来控制。即当合伙人老张的朋友来吃饭时，老张有权利免单，也可以打折，而且来多少次都可以，但是，所有的收入损失必须记在老张的个人费用账上，用自己的分红额抵扣；如果公司没有赢利，则要在老张个人的资本金里扣减，从而减少持股比例；如果抵扣完了还不够，那老张就得从口袋里另外拿出钱来赔偿其他股东的损失。这样的规定看似不近人情，但是却公平有效地保障了整个公司的利益。面对这种挂钩制度，合伙人自己就会想办法处理“白吃”的朋友问题，也保证了其他合伙人不至于被“吃垮”。

这样的规定对每个人都一样，包括担任总经理的合伙人。只不过总经理享有一定额度的免单权利，但与此相对应，总经理的义务是必须保证每月的营业额达到一定的数额。对于不是合伙人的外聘总经理，若要想请自己的客人吃饭时，一是花授权的额度，二是记入自己的个人账户，用自己的工资、奖金抵扣。这样，老板给员工打工的怪现象也就不会出现了。

例2 单独出差的费用

出差历来也是公司中易产生模糊费用的地方。由于出差的交通工具、住宿的宾馆等级、旅途的时间等因素变化较大，标准不好掌握，费用不好控制。如果是参加会议或集体活动，还比较好办，但如果是个人单独出差，控制就比较难。尤其是担任董事长、总经理之类职务的合伙人，其单独出差发生的费用就更难受到监督。

比如，总经理说沿海有一个项目需考察，拟安排单独出差一次。这种事情该去不该去很难有衡量的标准。按理说，公司经理积极开发项目，寻找市场是工作职责，公司应该支持和保证费用；但是，如果这个总经理不自律，而公司又没有制定相应的控制规则，那么其他合伙人就很有可能为总经理的游山玩水买单。

虽然相互信任是合作的前提，但人性的“恶”是必须防范的。在强调自觉性的同时，要制定有效的规则来控制不该发生的费用。

不少公司处理这类事情时采用的办法是：在安排好工作的情况下，鼓励人人开发市场。交通工具不限，住宿等级不限，去的地方不限，住的天数也不限。但是，有两个限制：一是对预算总额进行控制，不能太大，防止意外情况发生；二是所花的费用中个人必须负担一定的比例。这个比例根据情况的不同，从20%～50%不等。如果市场开发成功了，全部出差费用进入项目成本或公司相关成本，个人不用负担；但如果未成功，个人就必须承担这部分费用。从表面上看，这好像是有一点不近情理，但是，从成本核算的角度看，是有利于公司的，也是有利于所有合伙人的，是一个管理共同财产的好办法。尤其是对于刚刚设立、经费紧张的小公司，是一个很实用的办法。它不但使每个人感到公平，减少相互间的怀疑，减少矛盾和摩擦，而且能有效地节约费用，提高效率，更加强了每个合伙人的责任心和自觉性。

3. 给监管环节授权

如何使核算具有强制力，真正把费用控制住，关键在于要对执行情况进行监督，要给监管人员授权。

一些公司的做法是这样的：把监督权直接用规定落实在出纳环节。出纳根据公司的规定，有权不支付违反规定的任何费用。如果公司高层人员因紧急情况需要违规用钱时，在最高限额之下，出纳会让其签下借条，而且立即开始计算利息。三天之后利息便翻倍，而且时间越长，利息越高，除非这个人拿到公司全体股东签字同意支出的文件或特别授权，出纳才会作为特例处理。

这样的严格管理，极大地减轻了人力成本，也减少了人为矛盾。要想既控制住浪费和滥用职权，又保证效率，合伙人都会在制度上下工夫，把花钱的细节分析清楚，把规定制定清楚。虽然公司的支出项目很多，但再多也是可以分清楚的。一旦形成制度，人人都感到轻松。

在实行监督管理机制较好的公司里，一切按规定办事，没有丝毫的自然人权利空间。因为这是公司，不是哪一个人或几个人的地盘，所有的财产都是全体股东的财产集合，神圣不可侵犯，容不得任何一个自然人滥用职权。不管是总经理或董事长，我们都把它看成是一个机构，都只能按照法律规定的内容行事，超出这个范围，你的签字或行为是没有用的。如果滥用造成侵权，就得负法律责任。如果有这样的“明算账”，公司就不会被内部人吃垮，也不会产生激烈的利益冲突。

那些被内部人掏空的公司，一开始合作者们都是抱着积极的心态要发展壮大的，谁也没有想去占别人的便宜，谁也没想去侵吞公司的资产。但就是因为对花钱的事情没有在事前做出明确的约定，对这个问题的模糊处理导致了不断的怀疑和误会产生，感到自己吃了亏的合伙人因没有办法解决这个问题，没有办法控制这些费用，才采取一些过激的行动来“保护”自己，最终演变成了矛盾和战争。

从监督的角度看，人管人是管不住的，只有制度管人才是有效的。试想，如果建立起了这样的监控制度，大家都有了保护自己合法权益的公平制度，大家还会为当董事长而相互争斗，为财务出纳不是自己的人而苦恼吗？还会互相猜疑以致毁掉朋友情谊吗？

4. 制定合理的分配制度

小企业初创时期，由于还没有形成公司的品牌效应，客户很少，市场往往是通过各合伙人个人的关系或能力来开发的，而利润大小也和个人的因素具有直接关系。因此，在这个阶段，单个合伙人的工作与公司的盈利相关性较强。

根据这一特点，在制定分配制度时，必须尽可能做到以下几点：

一是要尽量划小核算单位，尽量实现多劳多得。要根据公司业务的特点，根据流程的环节，尽量让贡献者能算清投入产出的实际收支状况，了解自己贡献与收入的关系，尽可能做到多劳多得。比如，在大公司的生产车间里，一条生产线上有若干道工序，每道工序可能又有若干个小组，除了直接生产以外，还有很多辅助人员和工作等。因此，在计算投入产出时往往是以一条生产线或者是一个车间为单位，每个人的投入产出量化没有太多的相关性。但是，在初创的小企业里，因人数较少，规模较小，具备小范围核算的条件，因此，只要有可能性，就可以根据实际情况，不按照车间，也不按照生产线，而按照一道工序或者是工序里的生产小组来核算，使每个人可以看到自己的努力与产出的直接关系，以保护他的生产积极性。上面多次提到的那个物流公司，已经成立十几年了，最初，为了充分保护个人积极性，它们对于开发的项目是按照每单结算的，虽然麻烦一些，但大家心情愉快；直到现在公司做得很大了，但还是存在可以使用这个结算方式的条件，它们就仍然使用这个方式结算。虽然由于业务量的扩大使得核算比原来更麻烦了，但它们引入软件管理，虽然核算过程很复杂，但核算结果很清晰。

二是要尽快兑现分配。公司的财务制度一般都以月为最小结算单位，但对于刚成立的小公司来说，立竿见影很重要，投入产出的见效周期越短越好。所以，应该根据业务的周转时间来安排分配兑现时间。比如说销售业务，分配的周期就可以按照一周、一天甚至一单来制定。这样，高效率的分配不仅可以稳定团队，更可以促进更高效率的创收。

三是要尽量做到公司少积累，创收者多分配。有的公司总担心怕把刚得到的一点收入分光了，运转没有钱了，所以把收入的大部分留在公司，只拿出很少比例的部分分给创收者。这样做是不公平的，会打击创收者的积极性。公司成立初期，增加收入是最重要的，如果创收者得不到合理的报酬，就会影响公司的发展。如果公司的资金周转一时出现困难，那么可以由公司向创收者分配以后再向其借款，签署正式的借款协议，让创收者有偿地把钱暂借给公司使用。这样，虽然钱还留在公司，但是性质已发生了变化，这是已经属于创收者的财产。这样的分配方法既保证了创收者的利益和积极性，同时又保证了公司资金的运转，建议读者可以一试。

四是要尽量一次分配到位。在制定分配制度时，要注意减少分配环节，最好一次分配完毕，不要形成不必要的二次分配或更多次分配，以减少分配的不公平或者不透明。有的公司，在分配时，规定50%分配给创收个人或是小组，30%分配给创收人所在的小组（创收人也参与分配），最后，15%分配给公司的全体人员（创收人也参与分配），还有5%留作机动，由总经理分配。这种分配方式看似合理，但因为层层分配，既麻烦又因各层分配标准不一而会造成不公平、不透明，反而引起矛盾和怨恨，实在是弊大于利。

在这里，有一种分配上的辩证法现象：在实践中，有这样的情况，一个公司在分配时想着以后公司会有各种风险，会有不好过的时候，因此会把积累留得多一些，给大家分得少一些。但是，奇怪的是，往往这样的公司却走不长，风险还没来，内部就出现问题了。而另一类公司，采用的是一次分配到位的政策，按法律规定完成提留后，全部分配到利益人手里，公司账上没有很多的风险准备金。但奇怪的是这种公司倒能长寿，也基本没有风险发生。这个现象说明一个道理：抗御风险不能靠钱，只能靠人；公司的发展需要积累资金，但更需要积累人的信心，而人的信心来源于公司对创收人利益的尊敬和保护。

以上是关于公司设立后运转初期应该特别注意的一些问题。当然，实践中还有很多的问题，本书不可能一一涉及。只要前期的基础打好了，公司的运行不会有太大的问题。相信每个人都有自己独到的智慧，能按照事先的约定和公平诚信原则，成功地解决和处理遇到的各种问题，使自己的合作事业顺利发展。

第四部分

关于科技型公司的技术入出资问题

科技人才在用自己的知识产权投资办公司时，一般会遇到不少问题，比如，什么样的知识产权能作为资本注册？我的技术到底能值多少钱？没有专利权的技术可否作为资本使用？怎么操作？公司经营不好技术所有人承担何种风险？公司盈利了怎么保证科技所有人的利益？公司经营中不听技术人员的意见怎么办？技术所有人对技术的再发展有无决定权？等等。

解决不好上述问题，不仅不能使先进的技术转化为生产力，而且还会使合作各方遭受损失。

根据在实践中遇到的此类问题，本书就一些主要的现象谈谈解决方案。

一、什么样的知识产权可以作为资本入股

在谈这个问题之前，先说一说入股的概念。从法律层面讲，入股是指用自己的资源作为本钱，在国家的公司注册机关登记为股东的出资。

一般说来，只要能获利的知识技能都可以作为知识产权来参与生产，获得资本的资格和功能，都可以作为股本入股。但是，在我国现阶段公司注册管理体系下，只有获得权利证书的一些知识产权才可以作为资本在工商行政管理部门注册为股本，如专利局颁发的专利权、商标局颁发的商标权，以及计算机产品的著作权等。

由于知识产权是一种无形的资产，不以货币或实物的方式存在，因此，要作

为股本入资，需要进行价值量化。在我国，知识产权的价值量化要通过专业评估公司来进行，公司注册机关在登记知识产权的价值时，以评估机构出具的评估报告为依据。

知识产权权利证书所标明的所有人不管是法人还是自然人都可以作为股东。但如果该项知识产权的持有人是一人以上，则必须明确一个代表人，只能有一个人能作为股东在公司登记机关注册。遇到这样的情况，其他产权共有人则需在内部签订一个书面文件，约定代表人的相关权利和义务，尤其要对各自享有的份额、利益分配方式以及风险承担方式做出具体的规定。

如果该知识产权的其他共有人对投资入股达不成一致意见，可以通过产权份额的有偿转让办法来实现该项知识产权的股本化。

在入股的过程中，还要注意两个法律问题：

1. 知识产权所有人应当在入股合同中保证其是合法所有人，没有权利瑕疵；

2. 知识产权股份的寿命期限一般应当与该权利的法定有效期限相一致。

二、没有获得权利证书的知识产品如何起到资本的作用

除了登记为专利权、商标权等的知识产权，还有很多以其他形式存在的知识产品，例如未公开的专有技术、配方、秘诀等，它们都具有获利的特性，因此，从理论上说，是可以作为资本发挥作用的。而且，有的专有技术还是一个企业的核心竞争力，在各项资源中起着决定性的作用，应该是主要的资本。

在现行的公司注册管理体系下，如何使未公开的专有技术、配方、秘诀等知识产品既发挥资本的作用，又不违反国家的法规，也不损害其他非技术股东的合法权益呢?

在大量的实践中，很多公司都采用一种“使用权资产化”的方式来达到这个目标，即把技术资产的使用权作为资产，让技术成为企业资产的组成部分，并与企业的收益联系在一起。虽然没有所有权的法律登记证书，权利的转移不能实现，技术无法获得股本的属性，但是，使用权可以作为资产体现，同样可以使技术获得资本的属性。

具体的方式有以下几种：

一是在利润分配环节为其设定权利。按照《公司法》的一般规定，利润是按照股本分配，没有在公司章程中明示的股东，是不享有利润分配的权利的。但是，新《公司法》已支持公司股东对收益分配的自由约定。如果所有股东认可专有技术对公司盈利的贡献，就可以按照约定实现它的获利。

二是在利润分配前采用“技术使用费”的方式来保证其收益。利润的形成，除了决定于销售额，还决定于费用。利润的多少与公司内部的管理有很大的关系，如果内部管理效率低下，而费用消耗过大，就会出现赔本亏损的现象，使得收入形不成利润。技术作为特殊资本，它对公司的销售具有相关性，但对公司的内部管理不具有相关性。由于内部的管理原因，使得利润减少或亏损，实际上是侵犯了技术股东的权利。所以，在近年来的实际操作中，很多公司采取了“技术使用费”的操作方式，即以技术产品销售额为基数，根据技术的贡献度，按照当期的营业额的一定比例提取报酬。这样，技术股东不用承担管理的风险，合理地保证了技术资产收益的安全性，也极大地保护了技术人的积极性。

三是在使用技术前为其设定入门费。严格说来，从风险细分的角度看，技术不仅与企业内部管理不具相关性，而且与企业外部营销的相关系数也不大。经营过程中的很多因素是与技术无关的，比如说市场的宣传、价格的设计、营销政策的制定等。由于经营策略产生的收益损失风险，不应该由技术人承担。技术是一种独特的商品，它的研制过程已经花费了科学家大量的劳动投入，这种投入的社会必要劳动时间已经形成价值。为了防止出现因企业运作不力而造成其价值不能实现、技术人无过错还要承担亏损的现象，不少公司采取了先给予该项技术所有人入门费的做法来解决这个问题。不管企业能否赢利，先保障技术资本的价值实现。

从上述的三个做法来看，表面上，技术的资本属性越来越差，技术人员与公司的关联度也似乎越来越弱，不符合公司股东或合伙人之间应该越来越紧密的规律，但实际上，这种做法由于尊重了知识，尊重了技术，不仅极大地保护了技术所有人的合理收益，同时还使科学家的技术处于安全活跃的状态，极大地调动了技术人员的积极性，反而使他们与公司的密切度日益增加。不少公司经过多年的实践，尝到了“科学技术就是生产力”的甜头，为了留住更多更好的科技人才，有的企业甚至同时使用上述三种办法来保障同一项技术的收益，使技术资产极大地“资本化”。

需要强调的是，在上述操作中，要做好两项工作：

1. 合作双方要在公司设立前的合作协议书中对相关问题作出明确的约定，并把这些条款写进公司章程中；

2. 企业要处理好相关财务和税收问题，做到合法合规。

三、关于技术出资的其他问题

由于技术与货币资产、实物资产不同，非技术人员很难把握其价值量的大小，更难判断其获利的能力；反之，技术人员对投资方也有很多顾虑，担心没有收益，担心秘密被套取。因此，当技术人与投资人合作时，双方都处于紧张状态，双方都担心被骗，防备心理很重。这既是大量技术人员下海失败的原因之一，也是我国大量的先进技术难以转化为生产力的原因之一。

在实践中，有以下问题需要注意：

1. 投资人在投资前需对技术进行评估

对于一项可转化的技术，投资人在投资以前一定会关心如下问题：如其科技含量是否处于领先水平？现在的研发处于什么阶段？是处于实验室阶段，还是临床阶段？是小批量（试产）阶段还是正式投产阶段？是否有市场需求，是否能带来可观的利润？等等。相关投资者必须要充分了解上述问题，必须对技术进行投资评估。

对技术进行投资评估是一项专业性极强的工作，评估师除了对技术本身的先进性程度进行检索考查外，还要对涉及投入生产的相关条件以及进入市场销售的相关风险等方面进行评估。根据国际通行的做法，聘请专业投资评估机构，为专项投资进行可行性分析报告的编制，是技术与资金合作的一项必需的工作，尤其是要做详尽的财务分析，测定一定条件下的盈亏平衡点，以保证把投资的风险降到最低。

但在实践中，很多投资方不太重视对技术进行专业评估，一般是通过技术所有人介绍、或者是找自己的朋友帮助进行了解来估摸该技术的先进性及利润回报情况。其原因一方面是因为不愿意多花钱，另一方面也顾及到技术人的感情，尤其是在一起合作创业的合伙人，担心这么做会使双方产生不信任感，面子上过不去。

但这样做的后果容易为合作行为埋下隐患。其实，充分评估技术投入的相关风险，对技术和投资双方都是有利无害的。同时，还可以由第三者分担风险。寻求专业机构的帮助，虽然要付出一部分咨询费，但是，如果出现问题，专业机构也是要承担法律赔偿责任的。这对于投资双方都是一个法律保障。

2. 技术人与投资人双方要明确合作方式

技术与资金的合作有多种方式。从投资人角度看，有无偿支持技术孵化，直至赢利后才按比例获取收益的，也有采用借贷方式收取利息的，还有采用投资方式获取利润的，等等。具体采用哪种方式来实现技术与资金的结合，要根据具体情况而定。但不管采用哪种方式，投资双方都必须在事前进行明确的约定，并签订合作协议书。如果忽视这个环节，就可能出现危险的后果，不仅合作不成功，还会给双方造成损失。

来看一个案例。有一个技术人，研发出了一种较先进的建筑材料，市场前景看好，于是，自己设立了一个科技公司开始生产。一个朋友听说了，便想参与进去。这个朋友投了一些资金，但是因身份问题不宜在章程上显示为股东，所以两人就私下说好作为暗股，占总股比的35%，获利分红。在开始的时间里，两人都相安无事，积极投入经营。技术人忙科研和生产，朋友帮助联系市场。但由于各种原因，公司发展状况不甚理想，生产规模一直上不去，半年以后，出现了一些亏损。这时，朋友坐不住了，要求技术人把钱还给他，他要退出。但是，账上已经没有钱了，全部变成了设备、原材料和已花掉的费用。朋友要求变卖设备，但技术人不愿意，这样，矛盾就产生了。朋友说自己不是入股，是借钱给技术人，要求对方还钱；但技术人说当时说好了是入股，而入股是不能退出的，或转让股权或共担损失。双方相持不下，最后矛盾激化了，由于没有当初约定的书面法律文件，无法确定是投资还是借款，双方在缺乏证据的情况下闹僵了。最后的结果可想而知，朋友变成了仇人，朋友以“诈骗罪”起诉技术人，使之被判刑坐牢好些年，给双方本人及家庭都带来了极大的伤害。这是一件真实的事。

通过这个案例，充分说明明确合作方式的重要性，说明签订合作协议书的重要性。如果当初确认为投资关系，签订了合作协议书，技术人后面的痛苦就不可能发生；反之，如果当初确认为是借贷关系，就应该把机器设备等变卖了还钱，资金人也就不会遭受损失。因此，明确资金性质，明确合作关系，签订书面协议，是实现资金与技术合作的重要工作环节，不可忽视，不可草率。

3. 技术人与管理人要明确各自在经营中的定位和职责

从实践的情况看，在公司经营中，技术人与管理人双方之间发生矛盾的情况比较多见，严重的甚至影响公司经营。造成这种情况的原因很多，但技术人与管理人各自定位不准、职责不明，尤其是风险承担责任的不落实是主要原因之一。

这也是一个真实的案例。一位血液专家带着自己的科研成果从国外回来，通过自己的努力又筹集到一笔投资；一个公司高管受到这位专家的邀请，放弃了自己在国外的优厚待遇回国，两人一起创办了一家科技公司。公司开办时轰轰烈烈，但不到一年，两人就反目成仇，管理人员把公司的公章攥在手里，而科学家则把公司的保险柜抱回了家。管理人员说科学家不听公司指挥，凡事自己做主；但科学家则说公司遇事不与我商量，花钱不经过我审核，我不能让我的技术白给他用，他把公司败了咋办？我还得把钱看住。后来，公司倒闭清算资产时，两人还因分配不合意动了手，朋友关系变成了仇人关系。

对于科学家来说，公司不是自己的实验室，既不能按照搞科学试验的方式来搞公司，也不能按照管理助手和学生的办法来管理公司其他人员。在公司这个领域，操盘手不是科学家，而应该是管理人员。公司的资金不是实验室的项目经费，除了科研以外还有很多方面，看着别人把钱花在广告和公关方面心里就着急心痛是很多科技人员的共同感受。

对于经营人员来讲，要在资金的使用方面做出规划和分配，保证或适当分配好用于科研的资金；同时，在制定经营政策时，要充分与科学家沟通，取得他们的信任与理解；在必要的时候，还可以就各自的责任范围定出规则，明确各自的权限。

在这里，最重要的是明确各自的风险承担责任。科学家已经把毕生的心血押上了，投资人押上的是资金，管理人员虽然能把技术变为生产力，但不出钱又没技术的状态容易被看成“空手套白狼”的角色，所以，如何明确风险承担责任，是必须要先行谈好的合作规则。

在实践中确实也有不少因管理人员使企业遭受亏损的情况出现。一些无良的所谓管理人员，空手而来，拿着一年十几万或几十万的高薪，玩了一通，企业搞垮了，拍拍手走人了，不仅没有损失，还白得了工资。为了防止这种现象，有的公司采取把管理人的不动产抵押给公司的方式来锁住管理人的责任承担义务，还有的是把管理人的收入与公司利润相挂钩，平时只发给生活费，有的甚至一分钱也不事先发。这样的做法在情感上似乎比较残酷，但实际效果却很好。科技型企业，一般都是高风险性企业，尤其是初创的小型科技企业，风险更大，应该采用一些特别的办法来控制风险。

4. 技术人要对权利让渡后的损失做好充分准备

作为资本入股的知识产权，原所有权人在办理完公司注册后要把权利让渡给公司。让渡后，原所有权人也就失去了该项财产的所有权利。这项权利使用与否，如何使用，以及后续的继续研发等问题都要由公司股东集体决定。

没有作为资本入股的专有技术等无形资产，在资产化使用过程中，技术人也会因对方的限制产生一些损失。比如其他合作人会要求技术所有人签署承诺“排他使用”、或者连权利人自己都不能再使用的“独占使用”协议，同时，对今后的相关连带研发也要有一些限制规定，这些都会或多或少地影响技术所有人的其他相关权利。

技术在给技术人带来利益权的同时，也会给技术人带来对技术支配权的损失，因此，科技人员对此要有充分的思想准备。在确定进行投资时，要充分评估技术资本化后对技术后续研发、使用，甚至再投资可能产生的影响。

通过以上的问题和案例，我们看到了技术投资的特点和风险，技术人才在使用自己的知识产权投资时，要对上述问题多加关注，分别情况解决好相关权责利问题，必要时一定要聘请专业律师为其设计适合自己、适合自己所持有技术的投资方案。另外，根据投资方案签订一份尽可能详尽的合作协议书是一项十分重要的工作，不可疏忽。

第五部分

相关案例附录

1. 合作协议书及说明

特别说明

关于如何订立合作协议书，本书一直强调没有统一的范本可参考。就像世界上没有两个完全相同的人一样，世界上也没有两个完全相同的公司。同样行业、同样产品，甚至同样规模的企业，也会由于其中主要合伙人（包括管理人）的不同而呈现出不同的特点和差异。因此，合作协议书是不能拷贝使用的。

下面提供的范本仅供参考。

如果合伙人自己不能有效地设计好保护自己的合作规则，那就一定要聘请专业人员帮助。现在，有不少的专业机构提供这项服务，尤其是专业律师的执业经验相当丰富，大家应该有使用这种服务的意识。

特别声明

该样本仅供参考，不具有任何法律效力，本书也不为因该合同样本引起的任何法律后果负责。

合作协议书

在本文件上签名的全体出资人经协商，就×××××有限公司（以下简称公司或××公司）的相关问题达成以下一致意见：

第一部分　总　　则

宗旨

共同努力，精诚合作，以公司为平台，实现全体出资人的价值。

合作原则

诚实信用原则；

与人为善原则：依善意方式行使权利，在获得利益的同时应充分尊重他人的利益和社会利益，不得滥用职权，加害于他人。

基本规则

人合为主，股权相对封闭规则；

出资人须具备相关资格规则；

出资人区别对待规则；

一般现金出资规则；

出资份额可流动规则；

期限股权规则；

决策、管理、经营相对集中规则；

主要经营人员责任约束规则；

资本与劳动相结合规则；

无形资产与公司其他资产相分离计算规则。

第二部分　出　资　人

出资人概念

依照《中华人民共和国公司法》（以下简称《公司法》）向××公司出资、与××公司签订聘用合同并在本协议上签名的自然人，为××公司出资人。

出资人分为原始出资人、特别出资人、新出资人。

原始出资人：在本协议生效前记载于公司股东名册的股东为原始出资人。

特别出资人：公司的创始人，并且对公司的创建与发展作出了特殊贡献的人员。

新出资人：在本协议生效后新进入公司股东名册的股东为新出资人。

出资人资格

基本资格

出资人须具有做人做事的基本品德，具体包括但不限于以下方面：

诚信；

智慧；

专业；

与人合作；

勤奋进取。

资源性资格

股东须具有公司发展所需要的相关资源，具体包括但不限于以下方面：

具有与公司经营范围相关的专业能力及经验；

具有对上述专业项目进行组织管理的能力及经验；

具有开拓上述专业市场、开发维护公共关系的能力与经验；

具有熟悉上述专业，并有谋略、统筹能力和管理、协调、维护公司秩序的能力与经验。

出资人权利义务

一般权利

从《公司法》。

一般义务

从《公司法》。

约定义务

各单一出资人持股最高不超过总股本的33%（特别约定除外）；

出资人的年龄达到国家有关的执业禁止性规定的时间或达到退休年龄时应当退出（特别约定除外）；

出资人若以附条件的方式在未来的若干年期限内获得股权，则须每年用现金或所获收益折抵出资，不能取走收益；退出或转让时按实际折抵的出资额计算；具体方式如下：

（略）

出资人可以转让股权，但必须符合下列三个条件之一：

（略）

不符合上述三个条件之一的出资人如执意转让股权且已与第三人达成合意，则需：

（略）

不能转让的受赠股权由赠予人无偿收回；

转让不成的可转让股权按以下办法处理：

1）（略）

2）（略）

3）（略）

不符合转让条件的出资人不享受奖励；

出资人不符合股权转让条件的，若因个人原因离开公司的，不享受奖励（特殊情况由出资人大会决定）；

出资人不得要求分配法定执业风险金；

当出资人离开公司后，应恪守职业道德，不搞同业竞争，不损害本公司利益，不泄露公司商业秘密，不诋毁公司声誉，如不履行该项义务，公司扣除风险抵押金，并享有要求赔偿的权利。

原始出资人权利

原始出资人除享有以上一般权利外，还享有以下权利：

相关事项议事权

经三分之二以上原始出资人表决同意，可进行以下事项：

1）新出资人加入；

2）对董事会选举董事长、监事的批准；

3）对聘任及解聘总经理的批准；

4）将公司财产设定抵押、担保；

5）对外投资；

6）内外放、贷款（财务制度有规定的，从财务制度）；

7）处理大于50万元的公司资产。

延时退休权

当原始出资人的年龄达到国家有关的执业禁止性规定的时间或退休年龄时，

若公司继续聘用时，可以不转让出资（本人要求转让出资的除外）。

董事资格保留权

当原始出资人年龄达到国家有关的执业禁止性规定的时间或退休年龄时，若公司继续聘用为总监以上高管职务时，可仍然保留董事的资格（自愿放弃的不在此例）。

财产权（股权）

当原始出资人符合股权转让条件但转让不成时，由公司根据本协议第六条第6款的有关规定办理：

当原始出资人退休时，若转让不成，由公司根据本协议第六条第6款的有关规定办理。

特别说明：除以上约定以外，原始出资人应按照公司章程行使其他有关权利并承担相应义务。

特别出资人权利

×××先生（女士）因是公司的创始人，并且对公司的创建与发展作出了特殊贡献，为特别出资人。

特别出资人除享有一般出资人权利、原始出资人权利之外，还享有以下特别权利：

特别出资人持股比例可以超过总股本的33%；

特别出资人的出资人身份，担任董事、监事的资格和法定代表人职务的时间可不受国家有关的禁止性规定的限制（自愿转让、退出和放弃的除外），其方式由特别出资人按照合法形式选定。

出资方式及程序

本人申请；

资格审查；

三分之二以上表决权的原始出资人一致书面同意；

同意并签署此《合作协议书》；

同意并签署公司章程；

以现金或全体出资人所认可的实物出资（有特别允许的除外）；

登记记载于股东名册；

公司签发出资证明。

出资比例

（略）

出资人资格丧失及股份处理

非过错丧失

当发生下列情形之一时，出资人资格自动丧失：

退休：

1）出资人年龄达到国家有关的执业禁止性规定的时间或退休年龄时，为退休；

2）出资人退休时，以退休月份为结算月份；

3）出资人退休后的股权处理及收益按以下规定办理：

（略）

其他情况：

1）死亡（事实死亡或被依法宣告死亡）；

2）丧失民事行为能力；

3）因个人原因离开公司；

4）合同期满不再续签；

5）被人民法院强制执行其所持有的公司股东权益的全部份额；

6）丧失出资人资格的其他情形。

凡属于上述第1）、2）种情形，出资人自动丧失出资人资格，由公司最大股东代理其办理股权变更处理手续。具体程序为：

（略）

凡属于上述第3）、4）种情形，出资人自动丧失出资人资格，在办理人事关系前按公司相关规定办理股权转让变更手续。

凡属于上述第6）种情形，丧失出资人资格者，由出资人会议决定相关处理办法。

过错丧失

出资人有下列情形之一时，经出资人会议经代表三分之二表决权的出资人书面同意，出资人资格丧失：

1）未履行出资义务；

2）所持公司股东权益份额的一部分被人民法院判决没收；

3）因违反有关规定受到刑事、民事、行政处罚，产生严重后果的；

4）丧失职业道德，产生严重后果的；

5）有意违背本协议和公司章程的规定，或严重违反公司的规章制度，给公司带来严重后果的；

6）因故意或重大过失给公司造成损失；

7）其他严重损害公司利益的。

因上述原因丧失出资人资格，出资不予退还，并由出资人会议决定并处分其相关权益；若给公司造成损失的，公司可追究其经济赔偿责任。

第三部分 公司管理机构和高级管理人员

公司管理机构

公司设立如下管理机构：

董事会

监事

总经理

公司高级管理人员

1. 以下岗位的管理人员属于公司高级管理人员

董事长

董事

监事

总经理

副总经理

业务总监

2. 公司高级管理人员应具备以下基本素质要求

1）忠诚廉洁；

2）勤勉尽责；

3）担责精神；

4）奉献精神；

5）商业敏感度；

6）谋略能力；

7）谨慎并富有技巧；

8）原则性；

9）创新能力；

10）沟通能力；

11）应变能力；

12）熟悉公司业务。

3. 董事资格及产生、变动

全体原始出资人均当然具有成为公司董事的资格（自愿放弃的除外），其董事资格可到公司不再继续聘用为公司高管职务时（有过错给公司造成损失的除外）。

新出资人经全体出资人会议三分之二以上表决权选举可成为董事，任期为三年，可连选连任。

董事会的具体人数为不超过原始出资人的人数，具体人数及董事的确定，由公司章程规定。

4. 监事资格及产生、变动

全体原始出资人均当然具有成为公司监事的资格（自愿放弃的除外）；若无因过错给公司造成损失的情况出现，其监事的资格可到公司不再继续聘用时止。

没有被选举为董事的原始出资人为当然监事，不需经过选举。

新出资人经全体出资人大会三分之二以上表决权选举可成为监事，任期为三年，可连选连任。

监事的具体人数及监事的确定，由公司章程规定。

5. 董事长及法定代表人资格及产生、变动

公司设专职董事长；

董事长由原始出资人担任；

董事长由董事会三分之二以上表决权选举，并由原始出资人三分之二以上表决权批准，任期三年，可连选连任；

董事长的收入由固定和浮动两部分组成：

（略）

经由原始出资人三分之二以上表决权批准，董事长和总经理均可为公司的法定代表人。

6. 总经理及其他高级管理人员资格产生、变动

总经理由董事长提名，由董事会批准；

岗位的设立由公司董事会决定，高级管理人员由总经理提名（财务人员除外），高级管理人员的聘任由董事会三分之二以上多数通过；

总经理及其他高级管理人员的收入由固定和浮动两部分组成：

（略）

关于聘用总经理及高管的相关规定见附件 1。

7. 财务人员资格及产生、变动

所有原始出资人均可提名财务人员，由董事长批准；任期由聘用合同约定。

董事会权利义务及议事规则

一般事项

从《公司法》。

重大事项

机构设置、所有的经营管理制度（包括但不限于人事、岗位、薪酬、财务、经营、核算、年度预算、资产管理、采购等）以及其他重大事项，须由董事会三分之二以上多数批准；当董事会意见分歧达不成一致或出现其他情况时，由出资人会议做出最终决定。

第四部分 经 营 管 理

经营管理

全体出资人同意按照商定的经营管理制度经营管理公司。

（具体的管理制度及各分类细则见附件 2）

收入及分配

全体出资人同意公司的收入按以下办法分配：

（略）

（具体的收入分配办法及实施细则见附件3）

第五部分　公司经营期限

公司经营期限

公司经营期限设定为无期限，在营业执照规定的期限到期之前一个月内办理顺延。

第六部分　其　　他

特别说明

由于本协议签订在××公司成立以后，因此其法律效力不溯及以往。

若不同意本协议的原有股东，可退出公司或转让股权（具体办法协商解决）。

凡在本协议上签字的人员均承诺并履行本协议规定的所有义务。

凡拟在本协议签订之后加入公司的出资人，均需书面认同本协议的所有约定，承诺并履行本协议规定的所有义务。

本协议与公司章程的关系：

以本协议为基准制定公司章程，若公司章程出现与本协议不符的情况，以本协议为准。

第七部分　附　　件

本协议所附的以下附件与本协议具有同等法律效力：

附件1 《关于聘用总经理及高管的相关规定》（本书略）

附件2 《关于××有限公司经营管理制度》（本书略）

附件3 《关于××有限公司高管层收入分配办法及实施细则》（本书略）

第八部分　其　　他

本协议一式×份，签字人签字后均由公司统一存档。

本协议自签字之日起生效。

本协议未尽事宜由签字人协商议定。

本协议经代表三分之二以上出资人表决权同意可进行修改，修改均以修正案的方式增补与后。

协议人签字：

签字地点：

签字时间：

关于这份合作协议书的说明

鉴于保护该公司的商业秘密，凡涉及具体问题的条款以及该协议所附的相关附件均已省略，特注。

这份合作协议书的签署时间并不是在公司设立之前，而是在公司已经设立3年以后。当时公司运行的外部优势很突出，市场情况很好，但是，内部已经出现了种种问题和矛盾，只是还没有到激化的阶段。该公司的主要人员及时化解了这些危机，聘请专业人员与公司一起，在全体股东心平气和、反复讨论的基础上补签了这份《合作协议书》，并最大限度地对以前的问题、现在的问题以及今后可能出现的问题都进行了论证和规范。

这个公司是幸运的，合伙人在有了矛盾的情况下还能冷静地坐下来讨论解决矛盾，并且最后能达成一致，这在实践中是十分罕见的现象。其主要原因在于这个公司的股东是一批有知识并有一定层次和较好修养的人。由此也可证明，相互选择同类的合伙人是多么重要，相互的价值观念和道德底线的一致是保证化解矛盾、维持合作的关键。

目前，这家公司已经平稳运行了10年以上，而且发展成为国内该行业的龙头企业。

在公司运行以后再来规范且能规范成功的例子在实践中还比较少见，这家公司是个例外。曾有研究者因此专门对此现象进行了调查和研究，认为主要有以下几个原因：

第一，这些合伙人都具有较为一致的价值观。从这些合伙人的成长经历看，他们一般都出生于正常家庭，受过良好教育，自身素质较好，崇尚劳动致富等人类基本价值观。

第二，这些合伙人都具有某一方面的专业知识或技能。各位合伙人在各自的领域内都具有优秀的专业素养，离开这个团体，他们各自都能生存，是一批依靠自己本事生活的人。

第三，这些合伙人已受益合作成长产生的新文明。他们当初聚到一起，开始都是为了赚更多的钱，但是，随着公司一年一年的发展，相互合作过程的磨合和体验，尤其是理顺关系规范行为以后的愉快，让他们日益对这个团体产生喜爱和寄托，他们愿意在这个团体里工作，因为生活中除了钱还有其他不能少的东西。

第四，除了上述原因之外，最主要的一点是这个团体的主要合伙人有优秀的品行。主要合伙人的优秀品行给这个团体带来了巨大的能量。这些优秀品行包括善良、智慧、勤劳、自信、具有合作意识、能设身处地地为他人着想。

特别是主要合伙人的学习意识和学习能力，让其他合伙人十分佩服。这位合伙人原来从事专业技术工作，对公司经营管理毫无经验。但创办公司后，努力学习新知识，极大地提高了自己的能力，尤其是本书前面提到的各种思维方式理念的转变，在这个优秀合伙人身上都得到了充分表现。

由于榜样的行为，使公司形成了一种健康的状态：既有君子的协定，规范大家的基本行为，保障每一个人的合法权益；又有兄弟姐妹之间的亲近和温暖，导引人们的行为目标，协调相互之间的你来我往。人们每天来上班，都感到积极和愉快。

这个公司刚设立时也只有很少的人，也是一个小企业，但它从一开始就有规矩。这个公司的合伙人包括所有高管人员从不私用公司的任何财物，公司给客人喝的高级茶叶通常是不喝茶的合伙人从家里拿来的。有时，公司也会去买一些，但是公司的人从来不去动这些茶叶，哪怕到期后倒掉再买。这虽然是一个极小的方面，但体现出这个公司合伙人和高管人员良好的自身修养。

这样的事实说明，公司要搞好，需要订立好规矩；要订立出好规矩，需要更高素质的人；如何才能提高自己，需要不断学习，转变观念。也只有不断提高的人才能不断发展公司，使小企业逐渐长成大公司。

读者可以看到，在这份合作协议书中有些条款很“虚”，如“宗旨”“合作原则”“出资人基本资格”部分的条款。在讨论中，有的合伙人认为没有必要，但大多数合伙人坚持保留。他们认为，正是不断强调的这些本质的东西才是该份法律文件的核心价值所在。有了这些核心价值的导向和规范，约定才可能是公平诚信的，才是符合人性的，才是健康的和文明的，也才能给每一个合作者带来合作的愉快。

2. 股权规则及说明

特别声明

该样本仅供参考，不具有任何法律效力，本书也不为因该合同样本引起的任何法律后果负责。

××××××软件开发有限公司股权规则

经友好协商，现就设立××××××公司的股权规则问题达成以下合意：

第一部分 股权构架

根据目前的情况，公司的股权结构为分层持股方式，具体持股比例如下：

第一层次：决策层

1. 决策层主要由企业的核心人员、主要合伙人或主要助手组成，持股比例最低为67%。

2. 决策层人员为3～9人，根据目前情况，暂定为5人。

3. 今后若需增加，上属5人中任1人均可提出建议，全部通过后进行调整。

4. 决策层人员的持股原则为：核心人员持股比例最低不低于34%。

5. 核心人员为×××。

6. 其余人员可采用以下两种持股办法：

(1) 人数低于4人（含）时，可均匀持股。

(2) 人数高于4人（不含）时，可再分成两个级次，每级次内人员均匀持股。其中，高级次的人员数须少于低级次的人员数，但高级次人员所持股份比例须大于或等于低级次人员所持股份比例。

7. 根据目前决策层内其余人员在实际上没有形成明显业绩差异或资源差异，决定其余4人暂均匀持股。

何时调整，以满一年为最低期限。满一年后，上述4人中任一人均可提出调整方案，但需决策层4人以上同意方可调整。

第二层次：骨干层

1. 骨干层主要由各部门，各分、子公司的骨干人员组成，骨干层的持股比例最高为23%。

2. 骨干层的人员数量无具体限制，随机掌握。

3. 骨干层的持股方式应为均等持股。

4. 骨干层的持股条件应与岗位、年限及业绩挂钩。

第三层次：相关层

1. 相关层主要是指与公司发展有联系的相关人员或机构，相关层的持股比例最高为8%～10%。

2. 相关层股东数量无具体限制，持股比例亦无具体限制。

3. 相关层股东的确定及持股比例由决策层决定。

4. 相关层股份为优先股性质，不享有表决权，相关层股份的表决权由其他层次的股东按比例享有。

第二部分　股　　东

一、股东资格

1. 基本资格

股东须具有做人做事的基本品德，具体体现在以下方面：

（略）

2. 资源性资格

股东须具有公司发展需要的绝对资源，具体体现在以下方面：

（略）

3. 条件性资格

决策层：（原始贡献、市场资源、技术资源、管理能力等）

骨干层：（基本学历、职称、专业、工作经历、职务及在本岗位的工作时间、绩效等，详见有关细则）

相关层：（随机）

二、入股程序

1. 本人申请：同意股权管理规则、同意章程，并签署合作协议书。

2. 资格审查。

3. 全体出资人一致同意。

4. 须以现金（或全体股东所认可的实物）出资。

第三部分 股权变动规则

除《公司法》规定的变动规则以外，股东所持股权变动遵循以下原则：

一、基本原则

股权的内部变动一般在各层次内进行。

二、转出

1. 核心人员的股份不受以下转出规则限制：

（略）

2. 决策层、骨干层股东每年均需将所持股份的×%交出在各层次内重新分配。

3. 若采用执行董事制，则对其所持有的股份予以锁定，在任职过程中，不允许转让。

4. 骨干层股东的股份随岗位变化而变化，上岗则持股，下岗则须转出。

5. 下岗者每年转出股份后，允许其按原股份×%保留分红权×年。

6. 虽未下岗，但每年都减少股份者，待所剩股份仅为原来所持股份的×%时，一次性全部让渡，但按原股权×%的份额保留分红权×年。

7. 相关层的股份保有期一般为×年，期满后或转让、或保留、或减少、或增加，其相关权利由决策层决定。

8. 决策层人员在出现本规则规定的相关情况时，其股份将自动转出，但如果本人愿意，可保留原持有股份的×%永久持有，并可作为遗产继承，但不允许向外转让。

该类股份为优先股性质，没有表决权。

三、受让

股权的内部受让一般在各层次内受让，其具体方式为：

决策层

核心人员的股份受让一般由新的核心人员全额受让；

无新的核心人员或新的核心人员不全额受让时，其余部分由决策层人员按原持股份额比例受让；

决策层人员中若有放弃受让权的，可由同层中其他人按比例受让。

骨干层

骨干层人员的股份受让（和出让）均按所持股份的比例进行。骨干层人数增多时，本层内各股东持股数量同比例增加；反之，则同比例减少。

相关层

相关层的股份不实行受让制，当相关层持股者的股份达到转出条件时，由公司指定人员暂为保管；

有新的相关层股东进入时，可由新股东持有；

公司决策层也可视情况将此部分股份转让给相关层的其他持股者；

当公司出现特殊情况或其股份要求明示其代表时，公司可以采取以下两种办法：

由各层股东按原比例分别受让该部分股份；

由公司减少注册资本金。

第四部分　股权退出原则

一、一般情况

当股东出现本规则规定的以下情况时，股东有义务自动退出股份，所持股份交由股东会按相关规则处理：

1. 退休；

2. 调离公司（含主动及劝离）；

3. 合同期满不再续签；

4. 除名；

5. 死亡（事实死亡和宣告死亡）。

二、特别情况

当股东出现本规则规定的以下情况时，公司可视情况对所持股份予以特别处理：

1. 决策层人员退出。根据决策层人员退出方式，公司给予以下待遇：

(1) 主动让位、功成身退、谢绝挽留。属此类情况，退出人员需出让其全部股份；当手续办理完成后，公司出具相关法律文件，给予其相当于原股份×%的收益权。

此收益权可永久持有，并可作为遗产继承。

（变现价格另行规定）。

（2）到达退休年龄的有贡献人员。属此类情况，原则上应转出全部股份，但若经全体股东讨论通过，也可参照其功绩与贡献给予一定比例的收益权，但受以下条件限制：

若公司予以返聘，则返聘期间不享受收益；

不可作为遗产继承。

2. 骨干层人员退出。除一般规定外，骨干层人员不再担任因岗位产生股份的岗位职务时，应转出其原有股份，对其是否保留一定的收益权，由决策层决定。

3. 相关层人员退出从约定。

三、其他情况

给公司造成损失的，除自动转出其持有的股份外，根据具体情况，经决策层讨论，可执行过错赔偿制度。

第五部分 期股原则

需按期股方式入股的人员，经过审核程序后，定出所持总股份及每年期实现的股份，在相关层的股权变动中实现。

期股持有者每年按实现的股份享有收益权，若缴纳股金，可参与分红；若不缴纳股金，则收益全部记入资本公积，待期限届满，一次性转增资本。

期股持有者在全部股份实现以前，不享有表决权。

第六部分 个人入股的抵押、担保问题

为了维护公司利益和所有股东的共同利益，每一个出资人必须实际出资，对于暂无现金和实物的人员，需采用抵押或担保方式入股。

采用有价证券质押（担保）方式的入股者，须将等额有价证券交给公司，属记名证券的须背书。

采用不动产抵押（担保）方式的入股者，须将房屋产权证交给公司，作出书面承诺和声明。

凡不能以现金、实物直接入股的入股者，均须与公司签订借款协议，并承担

相应利息。

第七部分 股东会议规则的特别约定

本公司的股东，须认同以下规则：

1. 除《公司法》、章程的相关规定之外，股东会对下列事项实行全票通过制度：

新股东加入；

选举执行董事；

聘任总经理。

2. 股东会对执行董事的特别授权如下：

执行董事对股东会的决议有一票否决权。

协议人签字

签字地点：

签字时间：

关于这份股权规则的说明

在对这份股权规则的具体内容做分析之前，有一个问题要做特别说明。

这是一份在文字上和体系上都较为粗糙的法律文件。本书之所以把它作为参考引荐给读者，是因为以下两个原因：

第一，这是一份单一事项的合作协议书。该公司的合伙人仅就公司设立中的股权问题做了专门约定，是一份典型的单项规则约定。

本书提供这份股权规则的目的在于，它表现出合作协议书的多样性和灵活性。契约不是千篇一律的，而是各具特色的。提供这些范例的目的，不是要求大家照抄这些内容，而是提示大家要根据各自的想法和情况制定适合自己的契约。每个公司都是不同的个体，需要约定的事情也不同，可以有一般意义上的合作协议，也可以有关于具体问题的具体约定。

合作协议书完全不需要面面俱到，不需要内容完备，哪怕就是一个内容、一个条款，但只要表达了合伙人的合意，能够解决合伙人认为最需要解决的问题，就是有效的法律文件，就能帮助合作按照大家约定的原则来进行和发展。

第二，文字和体系的粗糙都不重要，格式和条款的不规范也没有关系，重要的是约定的内容。只要所订立的条款正确表达了订约人的意思，只要大家在都关心的问题上达成了合意，只要这些合意没有违反国家的法律法规，没有损害社会和第三方的利益，该份合约就是受到法律保护的有效合同。

由这份股权文件也可以看出，合作协议书既可以把多种问题写在一起，也可以就一个问题制成单项约定；既可以是一个单一文件，也可以是很多个文件的组合；既可以一次写完，也可以随时补充和修改。

下面具体谈谈这份股权规则的特点：

这是一份科技型公司的合作协议书。从股权规则的内容可以看出，该公司有较多的技术型员工。根据该行业的特点，技术人员应该是最重要的资源，为了发挥技术人员的积极性，保障他们的权益，该公司的合伙人认为最重要的是股权问题，因而针对股权问题做了很多设计。这些设计体现了科技型公司尤其是软件开发型公司在股权方面具有的一些特殊思维和管理思想。

在科技型公司中，技术是最大的资本，技术人员以技术出资并在其中劳动，同时还实施相应的公司管理，这种三位一体的方式是这种公司的最突出特点。在这种公司中，技术人员既是主要合伙人，又是出卖劳动力的被雇佣人员，还是担任相应职务的公司管理人员。怎么区分好三种身份的不同法律定位，怎么处理好三种身份之间的关系，怎么设计好三种资源获取的不同性质收益，是科技型公司不同于其他产业和行业的最重要的问题。

根据这类公司的特点，这份股权规则的设计考虑到了以下方面：

第一，确立了核心技术人员和主要合伙人的绝对控股地位。规则表现了对合伙人资源的差别认可和尊重，约定最强资源所占的股比要达到绝对控股的程度。这种约定保证了团队的战略方向和执行力，保证了合伙基础的稳定。

第二，强调了核心资源人的特别义务。为保证核心人员对公司尽职尽责，在给予核心资源人极大尊重的同时，也对其权利做出了相应的限制，如规定，执行董事在任职期间，不得转让所持有的股份。

第三，明确提出了对合伙人的道德要求。道德要求是一种无形的严厉约束，是对心灵的约束。条款再缜密，也有规范不到的地方；条款再合理，也以行为人自觉遵守为前提。从非法律的层面强调道德要求，是指引合伙人先做君子。

第四，约定了必须实际出资的原则。规则规定，股东必须以现金或其他实物出资，这反映了这个公司的特点。科技型企业尤其是软件开发企业，股东一般都是技术人员，技术不再表现为特别资源。公司要求全体股东以现金和实物出资，既体现了公平，也强调了责任，防范了风险。

第五，约定了股权的流动性质。按照《公司法》的规定，股东非出于自己的意愿，不得强迫其转让所持股份。但是，由于科技型公司的特点，当合作者以技术作为资源获得出资资格的条件不再具备时，该合作者就不得再具有相关权利和获取相关收益了，而要让位于拥有更先进技术的合伙人。这个约定合乎科技技术发展迅速的特点，体现了对新技术的尊重、对新资源的尊重，保证了公司永远具有旺盛的生命力。同时，这个约定也适应科技人员高速流动的要求，给科技人员的进出提供了方便，这种灵活的方式增强了公司的吸引力，保证了公司的活力。

第六，对新股东的加入约定了平稳原则。在新人入股问题上采用分期获得股权的办法，既尊重他们的当期贡献，又考虑到新股东与团队的磨合期问题。在磨合期中，对新股东设计了收益权与话语权分置、贡献沉淀为股份、出资股份与奖励股份相结合等诸多规则，目的都在于接纳新股东的同时要保护原有团队的稳定，使新股东逐步融入公司。

第七，对历史贡献者的退出约定了感恩原则。在很多公司，人们嘴上虽然说吃水不忘挖井人，但实际却往往是人一走茶就凉，甚至人未走茶已凉。这种情况会导致人们的短期行为，不利于公司的长远发展。这份规则对离开的合伙人表现了感恩思想，给他们以应有的尊重，彰显了道德和人性，也给公司的发展积蓄了力量。尤其是在旧人、老人的退出方式上采取了分期办法，逐步减少股份比例，更体现了对历史贡献者利益的保障。

第八，设计了股权年度流动原则，体现了多劳多得的激励思想。由于科技发展的日新月异，为了鼓励每个科技人才不断挖掘自己的潜力，在保证当期贡献人稳定持股的原则下，要求每年流动所持股份的部分份额。贡献大的合伙人可获得更多的股份奖励和地位提升，从而提升技术人员的积极性和参与精神。

第九，体现了对其他资源的尊重。在科技转化为生产力的阶段，除了技术本身和金钱以外，还需要很多催化资源。为了极大地调动其他相关资源持有人的积极性，科技型的公司创造了很多独特的合作方式，如该股权规则设立的“相关层”股份，就是为相关资源持有者准备的。但同时，也对这部分资源实行相应的约束性规定，如规定这类股权只有分红权，没有话语权，当资源消失时，它的获利资格便予以终止。

第十，在重大事项方面保证了全体合伙人意志的充分体现。如规则约定，在新股东加入、聘用总经理等重大问题的决定上必须得到全体合伙人的一致同意。

第十一，保证了执行董事对公司经营决策的绝对权力。这份规则给予了执行董事一票否决权，目的在于保证决策的高度集中。在科技型的小企业中，尤其是在公司发展的前期，情况复杂，困难重重。因此，保证领导人的绝对权威，是成长中的小企业应对变化、防范风险的一项有效制度。

第十二，分层持股模式是该份股权规则的重要特色。

该份股权规则的一个突出特点是合伙人分层持股。这是根据该合伙人团队的具体情况决定的。

持股模式与团队的构成模式有很大关系，而团队的构成模式又是根据团队中成员所具有的资源状况等因素决定的。团队的构成方式怎么设计，是设计成圆锥形、梯形，还是圆盘形，要取决于所处行业、发展阶段以及合伙人的具体情况。

如果公司的主要合伙人资源优势明显，又处于发展十分迅速的企业，可设计为圆锥形，以一人为核心。

如果公司的合伙人在资源上存在批次差别，则可以设计成梯形，以几个人为一层级，逐层往下排列；但这不排除在最高核心层内也可按照圆锥形持股。

如果公司的合伙人资源优势相仿，而公司所处行业以稳健发展为特征，则可以设计成扁平式的圆盘形，减少层级，体现集体决策。

一般说来，创业初期的公司，合伙人多选用圆锥形股权方式；而发展到一定程度，则逐渐改为梯形或圆盘形。

3. 公司章程及说明

特别声明

该样本仅供参考，不具有任何法律效力，本书也不为因该合同样本引起的任何法律后果负责。

××××××有限公司章程

为适应社会主义市场经济的要求，发展生产力，依据《中华人民共和国公司法》（以下简称《公司法》）及有关法律、法规的规定，由×××、×××、×××、×××等人共同出资，设立××××××有限责任公司，制定本章程。

第一章　公司名称和住所

第一条　公司名称：××××××有限公司。

第二条　住所：北京市××区××××××大厦×座×层×室。

第二章　公司经营范围

第三条　公司经营范围：（略）

法律、行政法规、国务院决定禁止的，不得经营；法律、行政法规、国务院决定规定应经许可的，经审批机关批准并经工商行政管理机关登记注册后方可经营；法律、行政法规、国务院未规定许可的，自主选择经营项目开展经营活动。

第三章　公司注册资本

第四条　公司注册资本：××××万元人民币。

公司增加或减少注册资本，必须召开股东会，并由全体股东表决通过并作出决议（*《公司法》规定：公司增加或减少注册资本，必须由代表股份三分之二以上通过*）。公司减少注册资本，还应当自作出决议之日起10日内通知债权人，并于90日内在报纸上至少公告三次。公司变更注册资本应依法向登记机关办理变更登记手续。

第四章　股东名称、出资方式、出资额

第五条　股东名称、出资方式及出资额如下：

姓名（名称）	出资方式	出资额（万元）	出资比例
×××	货币	××万元	××%
……			
……			
……			

第六条　公司成立后，应向股东签发出资证明书。

第五章 股东的权利和义务

第七条 股东享有如下权利：

（一）参加或推选代表参加股东会并按照其出资比例行使表决权；

（二）了解公司经营状况和财务状况；

（三）选举和被选举为执行董事或监事；

（四）依照法律、法规和公司章程的规定获取股利并转让出资；

（五）优先购买其他股东转让的出资；

（六）优先认缴公司新增的注册资本；

（七）公司终止后，依法分得公司的剩余财产；

（八）股东有权查阅股东会会议记录和公司财务会计报告。

第八条 股东履行以下义务：

遵守公司章程；

按期缴纳所认缴的出资；

依其所认缴的出资额为限对公司债务承担责任；

在公司办理登记注册手续后，股东不得抽回投资。

第六章 股东转让出资的条件

第九条 股东之间可以相互转让其全部出资，**转让后各单一股东的最高持股额不得高于公司注册资本的33%。**

第十条 **股东转让股权的其他具体事项按照相关约定办理。**

第十一条 股东依法转让其出资后，由公司将受让人的姓名或名称、住所及受让的出资额记载于股东名册。

第七章 公司的机构及其产生办法、职权、议事规则

第十二条 股东会由全体股东组成，是公司的权力机构，行使下列职权：

（一）决定公司的经营方针和投资计划；

（二）选举和更换执行董事，决定有关执行董事的报酬事项；

（三）选举和更换监事，决定有关监事的报酬事项；

（四）审议批准执行董事的报告；

（五）审议批准监事的报告；

（六）审议批准公司的年度财务预算方案、决算方案；

（七）审议批准公司的利润分配方案和弥补亏损方案；

（八）对公司增加或减少注册资本作出决议；

（九）对股东向股东以外的人转让出资作出决议；

（十）对公司合并、分立，变更公司形式，解散和清算等事项作出决议；

（十一）修改公司章程。

第十三条　股东会的首次会议由出资最多的股东召集和主持。

第十四条　股东会会议由股东按出资比例行使表决权。

重大事项的表决按照相关约定办理。

第十五条　股东会会议分为定期会议和临时会议，并应当于会议召开15日以前通知全体股东，由全体股东表决方可召开。定期会议应当每一年召开一次。临时会议由股东、董事或监事提议方可召开。股东出席股东会会议也可书面委托他人参加股东会会议，行使委托书中载明的权利。

第十六条　股东会会议由董事长召集并主持。董事长因特殊原因不履行职务时，由董事长指定其他人主持。

第十七条　股东会会议应对所议事项作出决议，决议应由全体股东表决通过。股东会应当对所议事项的决定作出会议记录，出席会议的股东应当在会议记录上签名。

第十八条　公司设立董事会。

董事会人数为5人，董事由全体股东选举产生。

关于董事的任职资格以及具体选举程序按照相关约定办理。

董事一般任期为三年，可以连选连任。董事任期届满前，董事会不得无故解除其职务。

董事会行使下列职权：

负责召集股东会，并向股东会报告工作；

执行股东会的决议；

决定公司的经营计划和投资方案；

制定公司的年度财务预算方案、决算方案；

制定公司的利润分配方案和弥补亏损方案；

制定公司增加或减少注册资本的方案；

拟定公司合并、分立，变更公司形式，解散的方案；

决定公司内部管理机构的设置；

聘任或解聘公司副经理、财务负责人，决定其报酬事项（*《公司法》规定：聘任或解聘公司副经理、财务负责人，要根据经理的提名*）；

制定公司的基本管理制度；

在发生战争、特大自然灾害等紧急情况下，对公司事务行使特别裁决权和处置权，但这类裁决权和处置权须符合公司利益，并在事后向股东会报告。

董事会的其他权利义务以及议事规则按照相关约定办理。

第十九条　公司设经理一名，由董事会聘任和解聘，**经理的任职资格和具体的任职程序按照相关约定办理。**

经理对股东会负责，行使下列职权：

主持公司的生产经营管理工作，组织实施股东会决议；

组织实施公司年度经营计划和投资方案；

拟订公司的基本管理制度；

拟订公司内部管理机构设置方案；

制定公司的具体规章；

提请聘任或解聘公司副经理、财务负责人；

公司副经理和财务负责人的任职资格和具体聘任程序按照相关约定办理；

聘任或解聘应由董事会聘任或解聘以外的管理人员。

第二十条　公司设监事会，监事3名，监事由股东会选举产生，监事任期每届三年，任期届满，可连选连任。

监事的任职资格及具体任职程序按照相关约定办理。

第二十一条　监事行使下列职权：

检查公司财务；

对董事会、经理执行公司职务时违反法律、法规或公司章程的行为进行监督；

当董事会和经理的行为损害公司利益时，要求董事会和经理予以纠正；

提议召开临时股东会。

第二十二条　公司董事、经理及财务负责人不得兼任监事。

第八章　公司的法定代表人

第二十三条　董事长为公司的法定代表人，任期三年，由董事会选举和罢免，任期届满，可连选连任。

董事长的任职资格和具体任职程序按照相关约定办理。

第二十四条　董事长行使下列职权：

主持股东会会议；

检查股东会会议的落实情况，并向股东会报告；

代表公司签署有关文件；

在发生战争、特大自然灾害等紧急情况下，对公司行使特别裁决权和处置权，但这类裁决权和处置权须符合公司利益，并在事后向股东会报告。

第九章　财务、会计、利润分配及劳动用工制度

第二十五条　公司应当依照法律、行政法规和国务院财政主管部门的规定建立本公司的财务、会计制度。并应在每一会计年度终了时制作财务会计报告，并应于第二年3月31日前送交各股东。

第二十六条　公司的利润分配按照《公司法》及有关法律、行政法规、国务院财务主管部门的规定执行。

第二十七条　劳动用工制度按国家法律、行政法规及国务院劳动部门的有关规定执行。

第十章　公司的解散事由与清算办法

第二十八条　公司的营业期限为20年，从《企业法人营业执照》签发之日起计算。

关于经营期限的具体事项按照相关约定办理。

第二十九条　公司有下列情形之一的，可以解散：

（一）公司章程规定的营业期限届满或公司章程规定的其他解散事由出现时；

（二）股东会决议解散；

（三）因公司合并或者分立需要解散的；

（四）公司违反法律、行政法规依法责令关闭的；

（五）因不可抗力事件致使公司无法继续经营时；

（六）宣告破产。

第三十条　公司解散时，应根据《公司法》的规定成立清算组对公司进行清算。清算结束后，清算组应当制作清算报告，报股东会或者有关主管机关确认，并报送公司登记机关，申请注销公司登记，公告公司中止。

第十一章　股东认为需要规定的其他事项

第三十一条　公司根据需要或涉及公司登记事项变更的可修改公司章程，修改后的公司章程不得与法律、法规相抵触，修改公司章程应由全体股东表决通过。修改后的公司章程应送原公司登记机关备案，涉及变更登记事项的，同时应向公司登记机关申请变更登记。

第三十二条　**公司章程的解释权属于股东会。股东会在法律法规许可的范围内进行的特别约定与本章程具备同等法律效力。**

第三十三条　公司登记事项以公司登记机关核定的为准。

第三十四条　本章程由全体股东共同订立，自公司设立之日起生效。

第三十五条　本章程一式五份，并报公司登记机关备案一份。

第三十六条　本章程与国家法律、法规相抵触的，以国家法律、法规规定的为准。

全体股东签字：　　　　　　　　签字地点：

签字日期：　　年　　月　　日

关于该份公司章程的说明

该份《章程》与上述所附《合作协议书》是同一个公司的两份法律文件，所不同的是，《章程》需交由公司登记机关备案。

在《章程》中的黑体加粗字便是两份文件的衔接之处，斜体字标明了与《公司法》规定的不同。

现分别详细解释如下：

关于《章程》：一共有7大项共13个地方与工商部门提供的章程范本有不同之处，而这些不同之处是根据该公司《合作协议书》的条款产生的。

1. 关于公司注册资本

在《章程》第三章，关于公司注册资本条款，该公司加上了如下条款：

“公司增加或减少注册资本，必须召开股东会，并由全体股东表决通过并作出决议。”

《公司法》规定：公司增加或减少注册资本，必须由代表股份三分之二以上通过。很显然，该公司的规定比公司法更为严格，合伙人愿意这么做的原因就是要保证每一个合伙人的权益，哪怕是只占一小部分股份的合伙人，也有表达自己意愿、维护自己利益的权利，这是合伙性质的充分体现。

2. 关于持股份额的最高限制问题

在《章程》第六章：股东转让出资的条件中，该公司加上的条款为：

转让后各单一股东的最高持股额不得高于公司注册资本的33%；

这一约定的目的在于不能有任何一个股东能够控制公司。

根据《公司法》的规定，超过三分之二的股份可以决定修改章程，增加或减少注册资本，公司合并、分立、解散，变更公司形式等事情。如果一个股东的持股达到34%，那么，只要这个股东不同意，其他人尽管都同意也形不成法律上的三分之二多数，上述事情便无法进行。

以上都是公司的大事，事关每一个合伙人的利益，公司在关键的问题上，要尊重大家的意见，为了防止个别人的“恶意”反对，有效保护大多数人的利益，合伙人做出了这样的约定，并同时写入《合作协议书》和《章程》两份法律文件。

同时，在《合作协议书》里，对个别出资人保留了特别约定事项。

从表面上看，这个条款似乎与上一条有些矛盾：在增加和减少注册资本问题上，该公司约定需要全体股东同意，是要维护每一个人的权利；而在个人最高持股限额问题上，该公司的设计又强调了三分之二多数，是要维护大多数人的利益。其实这是不矛盾的，对于不同的事情，合伙人采用了不同的处理方式，但目的都是为了最大限度地保护每一个合伙人和公司整体的利益。

3. 关于股份转让问题

新《公司法》第57条规定：公司章程对股权转让另有规定的从其规定。

根据此规定，在《章程》第六章，对于股东转让出资的条件，该公司还加上了以下条款：

股东转让股权的其他具体事项按照相关约定办理。

为何增加这样的条款，是因为股份转让是一个特别复杂的问题，合伙人针对不同情况分别做出了不同的约定，并且在合作协议书里予以明确。而在章程中，这些内容没有必要一一列示，出现此类情况时，按照《合作协议书》里的约定办理。

4. 关于议事规则问题

在《章程》第七章，对于股东会的议事规则，该公司增加了这样的规定：**重大事项的表决按照相关约定办理。**同时，在董事会权利义务及议事规则中也增加了相应的规定：**董事会的其他权利义务以及议事规则按照相关约定办理。**

议事规则是公司管理的一个重要制度，这是权利表现和利益保障的体现。在《合作协议书》中，为了充分体现全体合伙人的意志，保障全体合伙人利益的一致性，大家对于公司的重大事项做了这样的约定：

机构设置、所有的经营管理制度（包括但不限于人事、岗位、薪酬、财务、经营、核算、年度预算、资产管理、采购等）以及其他重大事项，须由董事会三分之二以上多数批准；当董事会意见分歧达不成一致或出现其他情况时，由出资人会议做出最终决定。

所以，《章程》则必须对此予以重申和保证

5. 关于高管人员的任职资格及具体任职程序问题

除了议事规则，公司管理事务中的另一个重要问题就是高管人员的产生问题。对此，该公司在第七章、第八章里，对董事、董事长、监事、经理、财务负责人和公司法定代表人都增加了按照相关约定办理的条款（见《章程》中的黑体加粗字体部分），这些内容在《合作协议书》里都有详细的规定。

一个公司，如果保证了游戏规则的规范公平，又保证了机构、高管人员产生的民主程序，这就在很大程度上保证了公司的生命力。这些重要的约定，从《合作协议书》里衔接到了《章程》，使两份法律文件从两个层面对公司的运行起到了整体的保护作用。

6. 关于公司的经营期限问题

根据合伙人的合意，他们是想开一个百年老店，因此在合作协议中规定了无限期。但是，公司登记法规却要求公司必须写明经营期限。在实践中，公司的经营期限最长的一般以 20 年为限。为了既符合政策法规，又表达合伙人的合意，公司股东在《章程》中规定了 20 年的期限，但是，增加了一条后缀：关于经营期限的具体事项按照相关约定办理。

7. 关于几份法律文件的关系问题

《章程》《合作协议书》以及 3 个附件《关于聘用总经理及高管的相关规定》《关于经营管理制度》以及《关于高管层收入分配办法及实施细则》构成了该公司运行的基本法律体系。

在《合作协议书》第 25 条里，作为股东的合伙人对于协议与章程的关系是这么认定的：

以本协议为基准制定公司章程，若公司章程出现与本协议不符的情况，以本协议为准。

因此，在《章程》的最后（第十一章），该公司对这几份法律文件的性质做出了明确的规定：

公司章程的解释权属于股东会。股东会在法律法规许可的范围内进行的特别约定与本章程具备同等法律效力。

《合作协议书》和《章程》在创办公司的过程中是十分重要的两份法律文件，是公司的内核。是保护合伙人利益的有效武器。要想自己保护好自己，每个投资人要对自己负责，在急于拿到营业执照以前，要静下心来好好把事情想清楚，说清楚。修好了道路，制定了交通规则，再放行交通，否则，事故一定频发，道路最终将被堵死。

有人说，不用定什么协议，是朋友，不要协议一样守信用；不是朋友，有了协议也不会照着办；拿着协议打官司，赔不起时间也赔不起钱。这话不全对，规则首先不是用来打官司的，而是用来约束自己和沟通别人的。如果没有约束和沟通，是不可能有长久朋友的；如果都有了约束和沟通，就没有官司了。

4. 技术入股合同范本

特别说明

这份合同的内容不是关于合伙人之间的合作关系，而是关于公司之间的技术入股问题。摘录这份样本的目的在于帮助一些小型技术企业解决用技术与其他公司合作时遇到的问题。

这份样本来源于实践中的案例，是他人成果。但由于具体出处已查不清楚，所以无法标示出作者，特此说明。

特别声明

该样本仅供参考，不具有任何法律效力，本书也不为因该合同样本引起的任何法律后果负责。

技术入股合同

××××××（以下简称甲方）

××××××（以下简称乙方）

根据《合同》的基本原则，甲、乙双方就合营公司生产×××的专利技术，经友好协商，达成以下协议：

第一章　技术的内容和范围

1—1　乙方同意甲方以制造×××的专利技术作为其股份投入合营公司，甲方提供之技术必须达到《合同》第四章中规定的生产经营目的、规模。该技术包括产品技术、制造工艺、测试方法、材料配方、质量标准、人员培训。

1—2　甲方保证将本协议1—1中规定之技术全部转让给合营公司，并保证提供之技术是甲方同类技术中最先进的，设备的选型及性能质量是优良的，并符合工艺操作和实际使用的要求，该设备的选择能够符合合营公司的经营目的和生产规模。

1—3　合营公司有权使用甲方提供的×××的专利和商标，在任何国家、地区销售合营公司的产品，不需另支付费用。

第二章　价　　格

2—1　专利技术指乙方拥有独占专利权的专利技术，包括制造×××产品所需要的设计、制造的专利技术。乙方同意甲方以专利技术作价　　万美元，占合营公司注册资本的　　%。如在《合同》中规定的合营期限内专利有效期截止，乙方同意以现汇补足其应缴出资额。

2—2 上述专利技术等作价出资部分不包括购买制造产品的设备及运输、仓储、税金等技术作价投资以外的内容。

第三章 技术投入和投入的条件

3—1 乙方同意从甲方取得，甲方同意向乙方转让《合同》产品的设计、制造专利技术。

3—2 乙方承认甲方在中国设计和制造《合同》产品，以及使用、销售和出口这些产品的权利，为不可转让的权利。

3—3 甲方有义务向乙方提供《合同》产品的专利技术。专利技术清单详见本协议附件1（略）。

3—4 如果乙方需要，甲方有义务以最优惠的价格向乙方提供协议产品的零配件或材料等。届时甲、乙双方另协商签订合同。

第四章 技术的改进

4—1 甲方提供的技术资料，如有不适合于甲方生产条件的（如设计标准、材料、工艺装备及其他生产条件等），甲方有义务协助乙方修改技术资料并提交给合营公司，不另收费用。

4—2 在技术转让的有效期内，甲方和乙方在协议规定的范围内的任何改进和发展，都相互免费将改进、发展的技术资料提交给对方使用。

4—3 改进和发展的技术，所有权属于改进、发展的一方，对方不得去申请专利或转让给第三方。

4—4 合营公司对技术的改进归甲、乙双方共有，任何单方面不得单独使用；合营公司改进技术由合营公司申请专利。

第五章 考核和验收

5—1 甲方保证所交付的技术资料、图纸清晰完整、正确，能满足合营公司的设计、安装、运行和维修的要求，达到《合同》中规定的经营目的和生产规模。

5—2 为了验证甲方技术资料的正确性、可靠性，由甲、乙双方技术人员一起在甲方共同进行产品考核和验收。考核和验收细则见附件2（略）。

5—3 经考核，《合同》产品符合技术资料规定的技术参数，即通过验收。甲、乙双方签署产品考核验收合格证书一式四份，甲、乙双方各执两份。

第六章 保密与侵权

6—1 甲方保证拥有本协议规定提供的×××的专利技术合法所有权，并有权向合营公司转让；如果发生第三者指控侵权，甲方应负责与第三者交涉，并承担由此产生的一切法律和经济责任。

6—2 乙方同意对甲方提供的技术予以保密，如果上述技术内容的一部分或全部被第三方公布，而且合营公司获得了已公布的证据，则合营公司不再承担保密义务，并认为该技术已经失效，甲方也应以现汇如数补足注册资本之差额。保密的期限不能超过合营期限。

第七章 安装、调试和人员培训

7—1 乙方有义务接受、安排甲方技术人员和管理人员赴合营工厂进行设备安装调试、技术和管理培训。

7—2 乙方有权派遣人员赴甲方受训，使乙方人员掌握上述专有技术和专利技术。乙方人员在甲方实习培训的有关费用由甲方负责，有关协议另行签订。

第八章 保证和索赔

8—1 甲方所提供的技术资料是甲方实际使用的最新技术资料，并向乙方及时提供任何改进和发展的技术资料。

8—2 甲方所提供的技术资料是完整的、正确的和清晰的，并及时交付。

8—3 如果甲方所提供的技术资料不符合8—2条的规定时，甲方在收到乙方书面通知后在正常情况下的30天内，免费将所缺的技术资料寄给甲方。

8—4 如考核《合同》产品的技术性能达不到规定的技术参数，甲、乙双方应协力共同研究，分析原因，采取措施，消除缺陷。若属甲方责任，其发生的费用由甲方负担；属乙方责任，其发生的费用由乙方负担，经多次考核不合格后，乙方有权终止本协议，甲方应按《合同》的出资要求以现汇形式补充其应缴资本金。

8—5 对于合营公司共同研制的新产品不在本协议验收、考核、保证和索赔之列。

8—6 因专利和商标引起纠纷，应由甲方出面交涉并负责承担因此产生的一切责任、费用，补偿合营公司的经济损失。

第九章 仲　　裁

9—1 按双方《合同》第十九章的有关条款执行。

第十章 协议生效及其他

10—1 双方应由各自授权的代表签订本协议及其附件，并经审批部门批准，自批准之日起生效。

10—2 本协议附件1至附件2为本协议不可分割的组成部分，与协议具有同等效力。

10—3 对本协议任何条款变更、修改或增减，需经双方协商同意后，授权代表签署书面文件，经审批部门批准后生效，作为本协议组成部分，与本协议具有同等效力。

第十一章 通　　知

11—1 所有与《合同》及本协议有关的通知和通信应使用以下地址：

甲方：

地址：

电话：

传真：

乙方：

地址：

电话：

传真：

11—2 若地址变更，变更方应以挂号信通知对方；若未给对方变更通知，则对方以前的地址，将被视为是正确的地址。

11—3 所有与《合同》及本协议有关的通知、通信、技术资料、图样、备忘录等应以中文书写。

甲方代表签字：

乙方代表签字：

签字时间：

签字地点：

第六部分

开办公司的基本费用、程序和税率标准

创立小企业要有三大准备：思想准备、法律准备和资金准备。前面已经分别介绍了思想准备和法律准备，这部分主要介绍资金准备。

资金准备包括三部分内容：基本费用准备、基本程序准备和基本税费准备。其中，基本费用是在当年必须花出去的开支；基本程序代表要花出去的劳动量，在一定的意义上也是开支；基本税费则是当年可能发生的开支。

上述三部分资金或曰开支是要在公司当年的盈亏平衡点计算中当做费用对待的，只有扣除了这些部分以后还有剩余，那才属于公司的赢利。

为便于读者了解相关情况，做好预算准备，现将开办小企业需要的基本费用、基本程序和基本税率标准列示于后，供参考。

需要说明的是，这些费用主要是根据北京市场 2012 年及以前年度的情况列示的。由于没有经过细致核查，有些费用只是一个大概估算，仅作为参考。

全国各地的情况不一样，有的比它高，也有的比它低。不过，按照市场经济的一般规律，除了国家降低相关收费标准或取消相关收费项目，这些费用是要逐年上涨的。

一、公司设立及运行费用

从公司的创立到运行，需要缴纳和花费的必要费用约有以下若干项：

1. 注册资本金：根据我国《公司法》的规定，公司的最低注册资本金需要 3

万元。

2. 验资费：若注册资本为 3 万元，则验资的最低收费为 500 元。

3. 营业执照办理费：按注册资本总额的 0.8‰收费，营业执照正副本工本费为每个 10 元，3 万元的注册资本金，正副本各一个，共计需要近 50 元。

4. 银行开户的相关费用：

一是银行支票的密码器 530 元。

二是网上银行费用 1 320 元。

三是回单柜费用：一般每年是 200 元。尽管如此，现在一般的国有银行门槛已提高了，不再接受低于 200 万元注册资本金的小企业开户。到股份制中小银行开户，回单柜收费的标准一般都要高于 200 元。

有些银行对月营业额较少的企业还要收取小额服务费，一般是每月 30 元。

5. 税务费用：

一是税控机费用，现行价格为 4 050 元，并且每 5 年必须更换一次。

二是税控商年服务费约 590 元，每个公司收费不一样。

三是数据备份 U 盘，每个 500 元左右。

四是服务折票每本 20 元。

6. 机构代码费用：年缴工本费为 30 元。

7. 刻章费用：

刻铜的财务章一枚是 120 元。

法定代表人的人名章一枚 20 元。

公章最低是 60 元。

发票专业章 150～180 元。

合同章 120 元。

共计近 500 元。

8. 租房费用：根据我国的公司登记条例，公司必须有一间房子做公司地址。若按租一间 15 平方米的办公用房计算，若房租每平方米每天 3～4 元计算，一年需要 2 万元左右。

租房合同要缴印花税，印花税适用税率为标的额的千分之一。

9. 房屋的电费：按每年使用1 000度电计算，需500元左右（水费未计算）。

10. 电话费：初装费235元，固定话费每月35元，一年420元。

11. 开通网络和电子邮箱的费用：约为每部1 800元（初装费加年费）。

12. 数字证书费用：是为办理网上交税、办理社保等使用。第一年约为280元，以后每年是190元。

13. 购买办公设备：公司需购置基本的办公家具和用品，如复印机、传真机、打印机、办公桌椅、柜子、计算机等，费用最低需要万元左右。

14. 残疾人保险金：根据北京市的规定，每个企业都要按照企业人数的多少，缴纳残疾人保险金。具体标准由残联规定，2007年是每人335元，2011年是每人494元，2012年每人是514元（逐年提高）。

15. 公司年检费用：每年50元（北京市2012年已免除）。

16. 人才中心存档费用：公司集体户开户是200元，再加上每人每年240元；按公司共有3人计算，第一年需缴920元。

17. 员工费用：按照有关规定，企业必须设立专门的出纳和会计岗位，按照公司外聘一名会计（津贴每月500元左右），并雇佣一名出纳兼综合事务的员工（工资每月最低2 000元）的做法计算，两人一年的费用约为50 000元。其中包括一名员工的各项保险费用：基本养老保险20%、医疗保险10%、失业保险1.5%、工伤保险0.5%、北京市职工要缴纳的生育险0.8%，等等。

目前不少企业都为员工提供每年的体检服务，体检基本套餐约为每人300元。

根据上述1～17项费用计算，创立、运行一个公司，当年需要缴纳和开支的基本费用大概需要10万元。

另外，对有些企业，还需要缴纳一些费用。比如：

行业协会费用。例如评估行业，各评估公司要按收入的1%向评估协会缴纳团体会费；再按评估师人数，缴纳个人会费1 000元/人；如果取得证券业评估资格，则还需缴纳每年固定特殊资格会费10万元；公司还需为注册评估师按收入缴纳职业责任保险费，收入100万～1 000万元，费率0.8%～1.2%；同时还需为从业人员参保“人身意外伤害险”，每人每年约70元。

有的地方要求，凡属自然人的公司，均要加入当地的私人企业协会，向私营企业协会缴纳会费。收费标准大概是每个企业 300～2 000 元不等，每个人 30 元。

还有的地方要求私人企业都要成立工会。按照《工会法》的规定，工会会费的收取标准为月工资总额的 2%。

二、基本程序及环节

开办私人小企业，一般需要经过如下流程，办理所需要的相关手续：

1. 到工商局办理名称预登和企业法人执照。

2. 到地税局办理缴纳营业税、城市建设维护费、教育费附加手续，购买服务业发票。

3. 到地税局指定的税控机供应商处购买国际税控收款机。

4. 到国税局办理企业所得税的相关手续。

5. 到质量技术监督管理局办理组织机构代码证。

6. 到银行申请开户，批准后购买现金及转账支票。

7. 到地区社会保险基金管理中心办理社保登记证。

8. 到住房管理中心办理缴纳住房公积金手续。

9. 到人才交流中心办理人事建档存档手续。

10. 到私营企业协会、各行业协会办理会员入会手续。

11. 到科委办理高新技术资格认定手续（部分企业）。

12. 到公安局办理特种行业审批手续（部分企业）。

13. 到卫生防疫部门办理卫生检疫合格手续（部分企业）。

……

按照程序，上述每个单位一般都需要去两次，第一次申报材料，第二次拿证照或批文。

上述政府部门机构都规定了办结一项业务的工作日，一般为 3～5 天。

现在有些单位实行网上申报，减少了环节，提高了效率。

三、基本税率标准

按照国家目前的规定，一般企业应按照以下基本税率缴纳赋税：

按照收入的5%交纳营业税（*注：2012年国家试点营业税改增值税，一般企业都在试改范围内，改革后，营业税改为小规模企业税率6%。具体要根据行业性质由税务局核定*）。

按照营业额17%的比例缴纳增值税。

按营业税额的7%缴纳城建税。

按营业税额的3%缴纳教育费附加。

按营业税额的2%缴纳地方教育费附加。

按利润的25%缴纳企业所得税。

按个人收入的20%缴纳个人所得税。

根据企业规模和类型的不同，税率政策有相应的变化，对于科技型企业，国家实行优惠的税收政策。

第七部分

内部事务管理文案

创立一个企业，初期需要做的工作很多。合伙人除了要筹措资金、寻找客户、操作项目、全力打拼市场外，还要做好内部管理，以保证公司的运行秩序。而内部管理除了本书在前面提到的合伙人思想准备、法律准备和资金准备等基础工作以外，还有大量的事务性管理工作。

企业内部的事务性管理工作千头万绪，而且十分琐碎。创立一个企业，产生一个法人，面临的事情都一样多，不会因为企业小而事情会变少，麻雀虽小，五脏俱全。而且正因为是小企业，资金少、能力小、办事人员少，事情反而更显得杂乱繁多。很多合伙人由于不善应付内部事务，被一些杂事弄得焦头烂额。

企业内部事务的有效管理对公司的良性运转十分重要。没有有效的内部事务管理，就不能对市场竞争起到强有力的保障和支撑作用，有再好的项目，有再合理的经营机制，也不能使公司的经营获得成功。从这个意义上讲，市场资源、内部合作机制以及内部事务管理是保证一个初创小企业起跑的三个支撑，缺一不可。

企业的内部事务管理工作涉及很多方面，需要各种专业知识，是一个系统工程。各企业因合伙人不一样，所处行业不一样，可以表现为经营机制不一样，合作方式不一样，赢利模式不一样等特点，但是，在内部事务的管理思想和基本方式方面却是基本一样或大同小异的。不同的地方主要表现在管理涉及的领域大小、管理精细程度以及管理标准等方面的不一样。一般说来，初创企业的管理比较粗糙，而随着企业发展，管理水平逐渐提高，管理趋于精细和全面。

为了帮助刚刚起步的小企业合伙人能应付千头万绪的内部事务，本书收集了一些管理内部事务的操作文案。这些管理规定比较简单，从文字、结构、内容等多方面看都显得不很规范，甚至还有相互矛盾、错误或不合理的地方。但是，这些规定涉及小企业管理的方方面面，从体系上形成了一个框架，基本覆盖了小企业会遇到的所有内部事务；而且也体现了“增收节支”“客户至上”“文明礼貌”等正确的管理思想。

提供这些案例的目的在于给初创小企业的合伙人提供方便，有了一个管理的指引，使用或修改起来就会容易很多，有利于减轻合伙人的劳动强度，有利于弥补他们相关管理知识和经验的不足。本书之所以不对这些办法做规范修改而让它们以原有的面貌示人，也是想说明，对于初创小企业，所有的事都不可能尽善尽美，形式不重要，文字不重要，重要的是要有管理的意识，要落实管理的细节，要用制度来管理烦琐的内部事务，以保证企业有一个良好的开端。

尽管这些办法有一定的指导意义，但是，由于每个企业不一样，所处的行业不一样，合伙人的想法也不一样，所以，如何管理企业的内部事务，还要根据自己的情况决定，本书提供的操作文案仅供参考。

1. 员工劳动合同

特别说明

该份合同是根据《劳动法》的规定，在国家相关标准文本的基础上经资深律师细化而成的。对小企业来说，可能有较好的操作性。但由于各地区以及各行各业的情况不一样，在实践中，使用者要根据具体情况来酌定相关条款。

特别声明

该样本仅供参考，不具有任何法律效力，本书也不为因该合同样本引起的任何法律后果负责。

编号：____________

劳动合同书

甲方：____________

乙方：____________

签订日期：____年____月____日

为确立甲、乙双方的劳动关系，明确双方的权利和义务，根据《中华人民共和国劳动法》和其他有关劳动法律、法规、规章以及甲方依法制定的规章制度的规定，经双方平等协商，一致同意签订本劳动合同，并订立下列条款：

第一条　双方当事人基本情况

甲方

法定代表人

注册地址

经营地址

乙方性别________

户籍类型（非农业、农业）____________

居民身份号码____________________

或者其他有效证件名称________　证件号码____________________

在甲方工作起始时间____年____月____日

家庭住址________________________________　邮政编码____________

在京居住地址____________________________　邮政编码____________

户口所在地________省（市）________区（县）________街道（乡镇）

电话：____________　电子邮箱：____________

第二条　合同类型和期限

本合同类型为：固定期限。

期限为：自____年____月____日起至____年____月____日止，共____个月。试用期为____月，自乙方上岗之日起算。

乙方应在____年____月____日前到岗。

第三条 工作内容和工作地点

（一）根据甲方工作需要，乙方同意从事____________________岗位工作。

（二）乙方应按甲方的要求，按时完成规定的工作数量，达到规定的质量标准。

（三）如果乙方不能胜任现岗位工作，甲方有权根据需要对乙方的工作岗位和职责进行合理调整。

乙方应当服从甲方因其工作表现和能力或经营需要而对其工作岗位、职责、工作地点进行的合理调整。

第四条 工作时间和休息休假

（一）乙方所在岗位执行法定标准工时制，由于特殊原因需要延长工作时间或节假日不能休息的，并按照公司制度，给补休假。

（二）乙方依法享受国家规定的节假日、婚假、丧假、产假。

（三）乙方的请销假按照公司请销假制度办理。

（四）甲方可以根据工作需要安排乙方在法定加班工时内加班；甲方不鼓励乙方自行加班，乙方加班应当有甲方的书面批准和确认，否则不能作为加班依据。

第五条 劳动保护和劳动条件

（一）甲方必须建立、健全劳动安全卫生制度，严格执行国家劳动安全卫生规程和标准，对乙方进行劳动安全卫生教育，防止劳动过程中的事故，减少职业危害。

（二）甲方必须为乙方提供符合国家规定的劳动安全卫生条件和必要的劳动防护用品。对从事有职业危害作业的，应当定期进行健康检查。

（三）乙方在劳动过程中必须严格遵守安全操作规程。乙方对甲方管理人员违章指挥、强令冒险作业，有权拒绝执行；对危害生命安全和身体健康的行为，有权提出批评、检举和控告。

（四）甲方应按《女职工劳动保护规定》《女职工禁忌劳动范围的规定》和《未成年工劳动保护规定》，对女职工和未成年工实行特殊劳动保护。

第六条 劳动报酬

（一）乙方试用期的基本（固定）工资标准为________元/月。

（二）乙方试用期满后，甲方应根据本单位的工资制度确定乙方工资。乙方薪资为________元/月。

如甲方的工资制度发生变化或乙方的工作岗位变动，按新的工资标准确定。

（三）甲方应以货币形式按月支付乙方工资，每月____日支付。

（四）乙方了解并同意，乙方的劳动报酬中包含了法定应由用人单位为员工提供的福利，即使甲方未在工资单中明确罗列该费用。

甲方可以根据乙方的工作岗位、工作表现和经营状况对乙方工资进行调整。

第七条　社会保险和福利待遇

（一）甲、乙双方必须依法参加当地政府规定的法定社会保险，并按照国家有关规定按时向劳动保障部门所属社会保险机构缴纳社会保险费，其中乙方应缴纳部分由甲方从乙方工资中代扣代缴。

（二）乙方因工负伤（死亡）和患职业病，依法享有获得医疗救治、经济补偿的权利。

（三）乙方在劳动合同期内患病、非因工负伤，依法享有国家规定的医疗期。

（四）乙方的福利待遇按国家及甲方的规定执行。

第八条　劳动纪律和规章制度

（一）甲方应根据国家有关法律、法规，依法制定各项规章制度并公示。

（二）乙方应遵守甲方的各项规章制度，服从甲方的领导、管理和指挥，保守甲方商业秘密；严格遵守劳动操作规程和工作规范；爱护甲方财产，遵守职业道德。

（三）乙方违反劳动纪律和规章制度的，甲方可依据本单位规章制度给予纪律处分，直至解除本合同。

第九条　劳动合同的变更、解除、终止、续订

（一）有下列情形之一的，甲、乙双方可以变更本合同：

1. 在不损害国家、集体和他人利益的情况下，双方协商一致的；

2. 劳动合同订立时所依据的客观情况发生了重大变化，经与乙方协商一致的；

3. 由于不可抗力的因素致使劳动合同无法完全履行的；

4. 劳动合同订立时所依据的法律、法规已修改的；

5. 法律、法规规定的其他情形。

（二）乙方有下列情形之一的，甲方可以随时解除本合同：

1. 在试用期间，被证明不符合录用条件的；

2. 严重违反劳动纪律及甲方规章制度的；

3. 严重失职，营私舞弊，给甲方利益造成重大损害的；

4. 同时与其他用人单位建立劳动关系，对完成甲方工作任务造成严重影响，或者经甲方提出，拒不改正的；

5. 以欺诈、胁迫的手段或者乘人之危，使甲方在违背真实意思的情况下订立或者变更劳动合同的；

6. 被依法追究刑事责任的。

（三）有下列情形之一的，甲方可以解除本合同，但是应当提前30日以书面形式通知乙方：

1. 乙方患病或者非因工负伤，医疗期满后，不能从事原工作也不能从事由甲方另行安排的工作的；

2. 乙方不能胜任工作，经过培训或者调整工作岗位，仍不能胜任工作的；

3. 劳动合同订立时所依据的客观情况发生重大变化，致使原劳动合同无法履行，经甲、乙双方协商不能就变更劳动合同达成协议的；

（四）乙方有下列情形之一的，甲方不得解除劳动合同，但乙方具有《劳动合同法》第三十九条规定的情形除外：

1. 从事接触职业病危害作业的劳动者未进行离岗前职业健康检查，或者疑似职业病病人在诊断或者医学观察期间的；

2. 患职业病或者因工负伤并被确认丧失或者部分丧失劳动能力的；

3. 患病或者非因工负伤，在规定的医疗期内的；

4. 女职工在孕期、产期、哺乳期的；

5. 在甲方连续工作满15年，且距法定退休年龄不足5年的；

6. 法律、行政法规规定的其他情形。

（五）乙方提前30日以书面形式通知甲方，可以解除劳动合同。乙方在试用期内提前3日通知甲方，可以解除劳动合同。

（六）经甲、乙双方协商一致，本合同可以解除。

（七）有下列情形之一的，本合同即行终止，双方办理终止劳动合同手续：

1. 本合同期满的；

2. 乙方开始依法享受基本养老保险待遇的；

3. 乙方死亡，或者被人民法院宣告死亡或者宣告失踪的；

4. 甲方被依法宣告破产的；

5. 甲方被吊销营业执照、责令关闭、撤销或者甲方决定提前解散的；

6. 法律、行政法规规定的其他情形。

（八）甲乙双方应提前30天协商劳动合同续订事宜，协商一致的，续订劳动合同。

（九）本合同期满后，如果未能及时办理终止或续订手续，双方仍存在劳动关系的，甲方应与乙方及时补签或续订劳动合同。届时乙方应当及时作出续订本合同或不续订定本合同的书面意思表示，乙方不做出书面续订表示将被视为拒绝续订本合同的表示。

在双方存在实际用工期间，因乙方拖延或拒绝签订或续订劳动合同，导致双方之间未签劳动合同的情况出现，甲方不承担相关法律责任，也不视为双方建立无固定期限劳动合同。

（十）甲方应在解除或者终止劳动合同时出具解除或者终止劳动合同的证明，并在15日内为劳动者办理档案和社会保险关系转移手续。乙方应在甲方出具解除或者终止劳动劳动合同的证明前办妥工作交接［包括书面文件、物品、证件、电子文档、欠（罚）款、工资的办结等］手续。若乙方不按本合同约定时间进行交接或者交接手续不齐备，甲方有权暂不予办理档案和社会保险关系转移手续，亦有权暂时拒绝支付经济补偿金。

（十一）除本合同约定外甲乙双方解除、终止、续订劳动合同，应当依《劳动合同法》和国家及北京市有关规定执行。

经济补偿计付工龄时，如果乙方在本次解除、终止劳动关系前，曾经受聘在甲方工作并且解除终止过劳动关系，则该曾经受聘在甲方工作的前次工龄不属于本次计付工龄范围。

第十条 劳动合同的无效和不生效

（一）乙方在签订劳动合同之前，甲方有权了解乙方与劳动合同直接相关的基本情况，包括但不限于劳动者的学历、履历、资格或任职证书（明）以及以前劳动关系是否解除或终止等。劳动者应当如实说明，并应书面承诺其真实性。若因故意漏报、隐瞒前述基本情况，骗取甲方签订劳动合同的，经甲方查出或被原单位追诉的，视为乙方的欺诈行为并导致甲方的严重误解，甲方有权依法申请认定本合同自始无效或不生效，由此给甲方造成的损失，应由乙方全额承担。

（二）乙方未按照本合同第一条规定的到岗日到岗的，本合同自到岗日满后自动失效，但甲方认可的除外。由此给甲方造成的损失，应由乙方全额承担。

第十一条 劳动争议的处理

甲方与乙方发生劳动争议，当事人可以向本单位劳动争议调解委员会申请调解，也可以自劳动争议发生之日起60日内向有管辖权的劳动争议仲裁委员会仲裁。

第十二条 双方协商约定的其他内容

（一）甲、乙双方经协商一致可就劳动合同未尽事项进行约定，但所约定内容不得与现行国家劳动法律法规相抵触。

（二）乙方在合同期内，属其岗位职务行为或主要利用甲方的物质技术条件所产生的所有专利、版权和其他知识产权归甲方所有，乙方无权进行商业性开发。

（三）双方签订本合同后，乙方不得在合同期内再受聘其他任何单位从事与甲方相同或类似或有竞争冲突的业务。

（四）乙方对在合同期间得到的有关甲方及其关联公司的情报、信息等商业秘密进行保密，不得将其泄露给任何第三者（亦包括无工作上需要的甲方雇员）。乙方违反保密义务则被视为严重违反本合同，并认为有足够的理由被辞退。此种保密义务在本合同终止或期满后的任何时间对乙方仍有约束力。双方另行签订《商业秘密和竞业禁止合同》以约定双方的权利和义务。

（五）凡由甲方出资培训乙方，双方另行签订《培训/教育协议》，因乙方原因而提前解除劳动合同，乙方应赔偿甲方的培训等费用，具体赔偿标准执行《培训/教育协议》的约定。

（六）乙方保证其与原用人单位已合法解除劳动关系。

（七）乙方保证其将及时向甲方递交办理社会保险的有效凭证，如因迟延而造成的任何后果，乙方应承担相应责任。

（八）乙方应保证其向甲方提供的本人所有信息、证明、资料等文件均属真实、有效，并承担相应责任。乙方违反上述保证本合同不生效。

（九）本合同期内，乙方不得从事任何与甲方利益相冲突的活动。利益冲突活动包括但不限于投资创业、帮助第三方创业、被第三方雇佣等。

（十）本合同生效前提条件之一是乙方身份符合劳动法规定的劳动者身份，即乙方不属于离退休、内退、退养人员，不属于在校学生，如果属于此身份，按劳务关系处理。

（十一）甲乙双方履行通知、告知义务时，被通知、告知方必须予以配合，在相关书面文件上签收确认。拒绝书面签字确认的，告知、通知方可以采取在甲方经营场所的公告栏内公式送达，或按照本合同第一条列示的通信地址采取邮寄送达，以及电子邮件送达。公示送达自公式之日起视为送达，邮寄送达自邮件加盖邮戳之日起视为送达，电子邮件以邮箱记载发送成功时间视为送达。

第十三条 本合同一式两份，甲、乙双方各执一份。自双方签署后并符合本合同约定的其他生效条件后生效。

第十四条 因本合同发生争议，除依照劳动法、劳动合同法律解决外，甲方的人事管理、薪资管理、劳动纪律、员工手册、奖惩制度等现行规章制度依法属于解决争议的依据。

第十五条 本合同的附件与本合同具有同等效力。但如果本合同的条款与附件内容有任何冲突或不一致之处，则以附件中的内容为准。

甲方：　　　　　　　　　　乙方（姓名）：

法定代表人

或授权代表

　年　月　日　　　　　　　　年　月　日

2. 关于请假制度的规定

一、作息时间

公司员工根据工作性质，分为固定坐班人员和不固定坐班人员两大类。

（一）固定坐班人员

固定坐班人员为综合事务人员。

固定坐班人员的上班时间：

上午：9：00—12：00

下午：13：00—17：00

（二）不固定坐班人员

除固定坐班人员外，其余员工为不固定坐班人员。

公司对不固定坐班人员到公司工作的时间不作硬性规定，正常情况下应每天到公司处理公务；如因出差或外出公务导致无法到公司的，应采取各种便捷方式（网络、电话等）处理职责内事项。

二、休息休假

（一）法定节假日

法定节假日按照国家有关规定执行。

若需在国家法定节假日工作的，需按照规定报批；批准的加班人员按照国家有关规定领取加班工资。

若因项目进度需要须在此期间工作，由项目组人员自行掌握，公司不作具体要求，其相关报酬在项目浮动奖励中体现，不再重复计发加班工资。

全体公民放假节日：

新　年　1天（1月1日）

春　节　3天（农历除夕、正月初一、初二）

劳动节　1天（5月1日）

国庆节　3天（10月1日、2日、3日）

清明节　1天

端午节　1天

中秋节　1天

部分公民放假节日及纪念日：

妇女节（3月8日，妇女放假半天）

青年节（5月4日，14周岁以上青年放假半天）

儿童节（6月1日，不满14周岁少年儿童放假一天）（父母给假）

（二）各类假期

1. 带薪年假

（1）公司人员每年享有一定期间的带薪年假；新调入人员，当年没有休假，从第二年起开始享受。

（2）在公司工作5年以下的，年休假5天（休假不含节假日，下同）；5年以上的，年休假为10天。

（3）公司人员休带薪年假应提前20日向公司总经理提出申请并安排好手头工作，经批准后方可休假。

（4）因工作原因未能休假的，经核准按未能休息的天数发给双倍工资。

（5）休假可以一次使用，也可以分段使用。

（6）带薪年假当年未休完，即告作废。

2. 事假

（1）公司人员因个人事务无法到公司工作，或不固定坐班人员因个人事务不能办理公司业务时，应向总经理申请事假，说明假期长短及手头工作安排情况；如假期较长可能会影响正常工作进度的，应报总经理批准并与总经理安排的人员进行工作交接。

（2）凡公司正式员工（包括返聘人员）每月享有半天带薪事假，此假不延月使用。

（3）除带薪事假外，事假需扣除工资，应扣除的工资额为请假人月工资的1/22.5×请假天数。

（4）家长会凭学校证明请假，不扣除工资。

（5）事假期间，按照事假天数扣发工资；但一年内事假累计不得超过20日。有特殊情况者，需报总经理批准。

（6）扣发工资基数根据公司规定或合同约定的固定月薪计算，不含管理人员每月可支取的定额业务费用，但当支取业务费用人员该月正常工作不超过 15 日时，视同该人员无法正常对外开展业务，不得从公司支取该月定额业务费用。

（7）因打架斗殴、致伤、致残、治疗休息期间一律按事假处理，若情节严重者，予以解聘。

3. 病假

（1）病假凭医院证明请假（可自选定一家二级以上离家近的医院）。

（2）病假除急诊外，应当天交“病休证明”，过期交的无效。

（3）公司人员因病（非工伤）无法正常工作，可请病假，无医院诊断书的，可休半日以内的病假，不扣除工资。

（4）有医院诊断书的，按医院诊断书确定的日期计算病假，3 天以内不扣除工资。

（5）持有医院诊断书并连续病休 3 日以上 10 日以内的，按照病休时间扣除每天工资；超过 10 日的，超过日期按北京市最低工资标准计发工资；超过 20 日的，由公司总经理按照劳动合同执行相关规定。

4. 婚假

公司人员结婚，可享受 10 日的带薪婚假。

5. 产假

（1）公司女职工可享受 98 天的产假（符合晚婚晚育的再增加一个月），第一个月按固定月薪的 70％计发工资，第二个月按固定月薪的 55％计发工资，第三个月按固定工资的 40％（不低于北京市最低工资标准）计发工资。

（2）产假期满，若本人提出延长休假需报总经理批准并与公司签订《产假延长协议书》。

婚假、产假（计划生育）需提前 15 天报告，以便安排工作。

6. 丧假

（1）公司人员的父母（养父母）及配偶、子女死亡，给 3 天带薪丧假；需赴外地的，加 2 日带薪丧假。

（2）公司人员祖父母、外祖父母、岳父母、公婆和依靠本人供养的兄弟姐妹死亡，经总经理批准，给予1～3日的带薪丧假（含外地）。

7. 其他

凡本条未有规定的假期，均比照事假处理。

每月病、事假合计超过两天（不含）的，取消当月综合奖。

三、考勤制度

（一）日常考勤

1. 公司综合事务人员负责固定坐班人员的考勤记录，每月报总经理助理备案。

2. 固定坐班人员迟到早退超过1个小时，按事假半天计算；不超过1个小时的迟到、早退，每3次按事假半天计算。

3. 不固定坐班人员若因私事离京，需提前3天向公司请假。

（二）请假规定

1. 请假须本人书面说明理由，不得电话请假；若遇特殊情况需直接向总经理电话请假，并在上班后两小时内补办手续，不得代为请假。

2. 所有请假均由总经理签字审批。

（三）下列情况视为旷工

1. 请假未获批准不到公司上班的。

2. 事先电话请假而事后在规定时间内未补办手续的。

3. 未请假且不到的。

旷工1次除扣除双倍工资外，公开批评。旷工2次，下岗待聘；下岗期间只给基本生活费×××元，下岗时间为3个月。旷工累计3次，解除劳动合同。

（四）有下列情况之一，视为严重违反公司的劳动纪律

1. 拒绝公司安排的工作或项目（2次）。

2. 无任何原因，不与公司保持联系（2次）：不接听公司电话或信息。

3. 不固定坐班人员不按公司要求的时间到公司（2次）。

4. 其他因违反公司要求，给公司造成损失的（包括声誉损伤）。

5. 固定坐班人员因迟到早退折合事假累计超过3日或一月内超过5日的，视为严重违反公司规章制度。

6. 不固定坐班人员延误总经理交办事项每月超过 2 次，每年累计超过 5 次的，视为严重违反公司规章制度。

3. 关于工作纪律和要求的规定

一、基本纪律和要求

1. 交办的任务必须有回音，一般在半日内，急办的事情办理后马上报告。

2. 凡是向外发传真、电子邮件，均需在半小时内向对方询查以确认对方是否收到，是否清楚。

3. 每个员工有义务自觉维护办公场所的清洁与整齐，爱护公司财产，不得损坏公司财物，地面不干净时，不论是否是值班人员，均有义务立即清扫干净。

4. 每个员工有义务自觉保持自身的清洁卫生和端正仪表，不允许留怪异发型，女职员不允许化浓妆。

5. 每个员工有义务整洁着装，办公室内不允许穿短裤、超短裙、T 恤衫、背心、拖鞋。

6. 不管是否是上班时间，办公室及办公室门口严禁吸烟，吸烟必须去吸烟区。

7. 下班以后包括节假日一般不允许单独在办公室停留，需要加班或独自有事需要单独使用办公室时，必须由有关领导批准。

8. 严禁在公司场所用电脑玩游戏、聊天（包括下班以后，包括用自己的计算机）。

9. 办公室内严禁高声喧哗，严禁吵架。

10. 公司内不使用“兄弟姐妹”称呼，应按照一般惯例称“老师”或直呼其名。

11. 办公室内严禁摆放食物，上班时间严禁进餐或吃东西；中午按规定时间进餐；中午不得饮酒（包括啤酒），早、中餐尽量避免食用带异味的葱、蒜等食物。

12. 工作时间不能看与工作无关的杂志、书籍，不准把与工作无关的杂志、书籍带进办公室。

二、接听电话规定用语

1. 接听电话必须使用“您好，请您……”等语言。

2. 若遇所要找的人不在时，答复语为：

他暂时不在，您需要留话吗？

他外出了，如果您有急事，我可以帮您联系或请打他的手机。

3. 避免使用“您是谁、您是哪儿、您找他有什么事、我不知道他去哪儿、他还没到办公室”等语言。

4. 接听电话须及时，铃响三声之内必须接听，电话旁边的人员不在时，邻近的人员及屋内的其他人员均有义务主动接听。

5. 有人讲电话时，周围的人员应自觉降低音量，给通话人创造文明通话环境。

6. 严禁在办公场所使用电话聊天，包括用手机聊天。

三、客户接待礼仪（公司内）

1. 起立问候，让座，倒水并双手递送。

2. 遇有需找领导的客户时，必须带至领导处，不得让客户自己去找。

3. 送客户时，必须送到电梯，客户离开时需握手、致意。

4. 交换名片时，需双手递送和接受，若遇客户没有名片时，应礼貌地请对方留下通讯方法。

5. 交涉业务时（包括用电话交涉时），必须使用“有件事需请您帮助；有件事要与您商量”等谦和语言。

6. 与客户接触后，三天之内每个员工有义务自觉地将客户信息汇集到综合秘书处备案。

四、客户接待礼仪（公司外）

1. 与客户见面要先与客户联系，给客户留出准备时间。

2. 约定见面时，必须提前5～10分钟到达，若有特殊情况不能按时赴约时，必须提前通知对方。

3. 第一次与客户见面时，项目负责人要主动向客户提交名片，并记下与客户的联系方法。

4. 与客户谈话态度要谦和，离开时约定好与客户下次通话或见面的时间，并根据约定主动与客户联系，不能没有回音。

5. 不准向客户提出用餐、住宿条件及游玩等要求。

6. 不准向客户泄露本公司和其他客户的商业秘密。

7. 千方百计地提高工作效率，多快好省地完成任务，不给客户带来麻烦。

8. 由于工作跟客户产生分歧时，一方面要坚持原则，遵守业务规范，遵守职业道德；另一方面要讲求工作技巧，耐心做好对客户的解释工作，不激化矛盾，以取得客户的理解和配合。

9. 不准向客户索取礼品，不收受客户的赠礼（金）。

10. 多为客户着想，力所能及地为客户解决问题，并为客户提出好的建议。

11. 积极帮助客户办理力所能及的其他非工作事项。

12. 项目结束后，应建立客户档案并与客户主动保持联系，听取客户反馈意见，以不断改进工作，争取“回头客”。

4. 关于费用报销的规定

一、公司一切费用的最终审批人为总经理。

二、业务借款分为一般业务和项目借款

1. 因一般业务需要用款时，经办人需提出书面申请，填写借款凭证，写明借款理由及详细预算内容，经总经理批准后财务方可付款。

2. 因项目需要用款时，须在项目预付款到账落实后方可按上述程序根据实际需要办理借款。

3. 因业务发生的借款业务，应在业务完成或出差返回后一周内办理报销。

三、业务交通费的报销

一般业务除特殊情况外一律不得乘坐出租车，特殊需要应提前申请，经批准的方可报销，项目交通费用由项目负责人批准。

四、报销程序

1. 一般费用报销。经办人需在原始单据后写明支付内容、经办人姓名、发生时间，然后填写“费用报销单”，注明分类金额、性质，交出明细审核单据的合规性及金额后，由总经理审批后报销。

2. 出差报销。按公司规定，出差返回一周内填写“差旅费报销单”，包括出差人姓名、出差事由、出发返回日期、差补标准及人员数等，交项目负责人签字后，由总经理审批入账。

外埠出差人员在中午 12：00 以后出发，以及中午 12：00 以前返京的，补助费按每日补助标准的一半计算。

3. 采购物品报销。报销前应由收管员签收后方可按程序报销。

收管员必须建立明细账，详细记载所购物品和资料的购入时间、购入数量、购入价格，并每月与财务对账；购入物品在领用时须严格执行低值易耗品的管理规定。

4. 项目费用报销。经手人应在单据后面写明项目编号、支付理由、姓名，并由项目经理签字确认；项目经理的费用由该项目的项目助理签字确认。

填制好的报销凭证，由财务人员根据项目立项单审核无误后，交总经理签字批准后方可报销。报销时可分次报销，也可累计一次报销。凡有借款的项目，报销时须先冲抵借款。

凡属于已结算分配过的项目，不再报销该项目的费用；如属于特殊情况，需由总经理批准。

五、报销时间

每周星期一为报销日。

每周星期四以前，经手人将填制好的报销凭证交财务人员审核；审核无误后，经手人将报销凭证分别报送总经理。总经理在下周一（含周一）之前将批准后的报销凭证退还经手人。

每周星期一（全天）为报销日，经手人凭总经理签字的报销凭证到财务处报销，其他时间不办理报销事宜。

5. 关于低值易耗品管理规定

一、低值易耗品的分类

1. 第一类为对外出具正式报告、公司宣传材料等专用的耗材，复印纸、传真纸、计算机耗材。

2. 第二类为日常办公用品，如信封、信纸、卷纸类、笔杆、笔、大头针、笔记本、尺子、胶水、订书器等。

二、复印纸的管理

1. 复印纸由公司统一购买。

项目用纸，由项目负责人签字领用，费用计入项目负责人核算额度，并按照规定在包干的经费中列支。

非项目用纸，由总经理签字批准，费用计入使用人核算额度，并与收益考核挂钩。

2. 复印纸使用时应注意节约。

3. 复印时应认真调好位置、颜色、大小、尺寸，争取不出废品，如果设计的内容复杂，可先用废纸试印，避免浪费。

4. 打字时，如果是草稿，应用废纸打印（废纸背面的内容不涉及公司的商业秘密，例如公司的文件及各项规定、各项合同），以提高复印纸的利用率。

5. 打印时出现的废纸不能乱放、乱扔，能用的整理好，放到打字机下，码放整齐。

6. 不对外出具的非正式报告、材料和文件等，均应使用废纸；对外出具正式报告文件时，才使用新纸。

7. 不得复印私人材料。若遇特殊情况，需事先请示总经理并按照市场价收取费用。

三、文具及办公用品管理

1. 凡属个人可保管并可反复使用的必备文具，公司统一购买后，由个人签字领用，包括计算器、尺子、剪刀、订书器等，离开公司时需如数交回公司，不能交回的，按照市场现价赔偿。其他低值易耗品，如笔、涂改液等，公司不再购买，由使用人自行解决。

2. 公司仅购入少量的低值易耗用品，但只供不操作项目的秘书、财务人员使用，并实行领用登记制。领用的相关物品按购进价计入管理费用，纳入综合费用核算范围，并与相关的个人收益考核挂钩。

3. 项目组可委托办公室协助购买项目所需的文具及办公用品，但所有的费用均在项目组包干的经费中列支。

四、信封、信纸管理

公司统一印制信封、信纸，专人保管，领用签字，并计入个人费用额度。项目组的费用计入项目负责人费用额度，并在其项目收益中扣除。

严禁浪费，节约使用，能用废纸代替使用的，不用好纸；不用落款的信封，可用旧的或其他信封代替。

五、其他

1. 低值易耗品的购买由专人负责，购买时坚持做到货比三家，择优购买。

2. 低值易耗品由专人保管，实行领用制度。

3. 购买的低值易耗品由保管员签收入库后，才可报销相关费用。

4. 因项目产生的专用耗材由项目负责人领用或购买，经费在项目费用额度内包干。

5. 每月盘点做到账物相符。

6. 关于办公设备管理规定

为提高本公司办公设备使用效率，规范办公设备操作程序，特制定本规定。

一、公司电脑的管理

1. 由专人负责管理、配置和维修，其他人不得擅自调装软硬件。

2. 不得使用公司电脑制作非业务材料，特殊情况需报请总经理批准。

3. 公司电脑所用软件由公司统一购买、统一装卸，不得擅自装卸任何软件。

4. 外来人员不得使用公司电脑。

5. 每周由综合管理人员对所有公司电脑进行杀毒，外来U盘必须由综合管理人员进行杀毒后使用，未杀毒之前不可擅自使用，综合管理人员应定期升级杀毒软件。

6. 项目人员使用公司电脑操作项目时，必须在硬盘最后一个分区内建立文件夹，文件夹以姓名为目录，项目名为子目录，所有与该项目有关的文件都要放到此文件夹中，综合管理人员需建立公共文件夹，存放公共文件。

7. 负责人应在建立文件夹的同时领取 U 盘对文件进行随时备份，U 盘自行保管，项目结束后归还。

8. 公司不为员工配置笔记本电脑。

9. 综合管理人员使用指定的公司电脑管理公司文件。未经过允许，其他人员不得擅用。

10. 电脑主机、显示器以及连接的打印机等，机体上方及周围不得堆放废物，以免影响散热，打印机不使用时应关闭，短时间不使用电脑，应开启等待或睡眠功能。

11. 电脑出现故障应及时报修，不得带病使用。

12. 对于出差外地区使用的文件，在不能确定外地区电脑软件配置时应复制成高中低多种版本，以免耽误工作。

二、传真机

使用传真机实行登记制度。

三、复印机

严禁使用复印机复印私人材料，在不复印时，应开启复印件的节能功能键。

四、照相机

使用照相机实行登记制度。

五、录音机

因工作需要，到外面听课或讲演时，可到管理人员处登记领取，使用后归还。

六、电话

拨打长途电话应使用 IP 长途功能。

公司不为员工配备移动电话。

七、凡使用上述办公设备造成损坏的，均由责任人进行赔偿。

7. 关于使用印件的管理规定

为保证印件使用的规范、安全，特制定本规定。

1. 本规定所指印件包括：

公司法人（机构）章；

财务专用章；

合同专用章；

法定代表人名章；

其他。

2. 印件实行专人保管，各负其责的原则。公司法人（机构）章由公司总经理负责管理，财务专用章由财务部经理负责管理，合同专用章由分管业务的副总经理管理，法定代表人名章由出纳员管理。

3. 上述印件管理人员若因事外出，须由总经理指定专人临时代管。

4. 所有签章使用情况须由管理人员做好记录，并由印章使用人签字。

5. 因特殊情况使用印章，需由总经理亲自批准。

附：

印章使用登记表

时间	使用事由	份、页数	使用人签字	批准人签字

8. 关于订阅图书资料的规定

1. 图书分类

图书分机械设备类、建筑类、法律类和综合类，由图书管理员分别登记造册，统一管理。

2. 图书管理、借阅

（1）机械设备类、建筑类、法律类图书由指定的专业人员定期清理，按照程序申请购入新书、淘汰过期图书。

（2）综合类图书由图书管理员负责保管，公司员工需登记借阅，阅后还回。

（3）公司人员调离公司，应将借用的图书及有关资料交回公司，并作交接记录；不能将图书交回公司或将书损坏的，一律按现行市场价赔偿；没有现价的，按原书的 5 倍赔偿；找不到原书的也寻不到现价的，按每本书 100 元赔偿。

（4）外部人员借阅图书，需由总经理批准，并由图书管理员负责督促收回。若造成图书损坏或丢失的，由批准人按照上述标准赔偿。图书管理员没有按时督促的，承担赔偿总额的 20%。

3. 图书资料购入

（1）购入图书，由被指定的专业人员提出申请，报分管行业规范的副总经理初审签字后，报请总经理签字批准。

（2）凭批准文件到财务处办理借款手续。

（3）图书购回后，到图书档案管理员处登记，档案管理员登记造册并落实管理事项后，在报销单据上签字，并留存购书批件。

（4）购书人凭图书档案管理人员的签字及发票报销。

（5）未经过以上程序的所购图书，不予以报销。

（6）参加各类经公司批准的培训、会议后带回的图书、资料必须交由图书档案管理人员造册并落实管理。

9. 关于办公室秘书工作内容规定

一、接待工作

1. 负责对外接待来公司的办事人员，应做到文明礼貌，不做有损公司形象的事。

2. 谢绝一切与公司业务无关的来访。

3. 在接待中注意保守秘密。未经公司领导同意，不得随意介绍有关公司业务工作的程序、操作方法及其他情况。

4. 除公司介绍资料外，不对外提供任何资料。

二、报刊资料订阅及管理

1. 根据公司的安排，负责报纸、杂志、书籍的订阅和购买工作。

2. 对公司订阅的书籍、杂志分类造册登记，妥当放置和保管；监督阅读人员按规定借阅及阅后放在规定地点。

3. 负责摘录报刊上具有使用价值的资料并经整理供业务工作使用。

4. 对遗失或损坏图书者，负责要求其按公司制度进行赔偿。

注：图书资料的具体订阅管理参见《关于图书资料订阅的规定》。

三、书信邮件收发

1. 负责公司的邮件、报纸、杂志、电报、传真的收发工作，做到不错、不乱、不丢失、不积压、不泄密，传递迅速、清楚。

2. 每早上班时开启信箱，取信后放到各收件人的办公桌上。

3. 收到传真后立即转交收件人，若遇急件而收件人不在办公室时，需直接电话联系收件人。

4. 每天上午 9：00—10：00，下午 3：00—4：00 两次查收公司电子邮箱，发现垃圾邮件立即删除；新的邮件下载后进行分拣，交由具体收件人查收；邮件查收后在邮箱中保留三个工作日再行删除。

四、保证公司公用设施（水、电、天然气、复印机、传真机、打印机等）的正常运转

1. 每天上班后、下班前检查设施状况，收集其他人员发现的故障报告，并及时采取解决措施。

2. 下班前断掉所有电源，检查水、天然气开关（若有人加班，需将此项工作明确交代给具体人）。

3. 每半年联系维修人员对复印机、打印机进行一次全面保养。

五、负责公司公共事务的处理

1. 负责处理公司人员的饮水需求。

2. 负责保洁工作的组织和落实，对公司公共区域做常规清洁监督，并按管理制度进行维护。

3. 每天及时清理公司外来人员使用的茶杯、纸张等物品。

4. 负责提醒并监督与公共区域相连、相通的个人区域保持清洁有序。

六、公司会议室的管理

1. 每天上下班时检查会议室是否处于适会状态，发现问题及时解决。

2. 建立会议室使用备忘录，对公司人员使用会议室的要求进行登记并安排。

3. 根据公司关于会议室管理制度的规定，负责会议室使用秩序的维护。

七、内外联系工作

1. 负责公司内部通讯录的制作与及时更新；负责搜集和管理公司全部人员相关信息，包括身份信息、家庭地址、家庭主要成员、固定和移动电话等。

2. 有关主管部门（包括工商管理部门、税务部门等）的电话、网址、电子邮箱等联络信息的搜集和保管。

3. 客户电话及相关信息的搜集和保管。

从项目负责人处搜集相关客户信息，各项目负责人有义务配合提供。信息包括但不限于以下内容：企业名称、通信地址、邮编、主要联系人员职务、固定和移动电话、传真、网址、电子邮箱等。

4. 负责收集各位专家及公司其他关联人员相关信息，并负责专家库信息的分类、汇总、录入及管理。

八、低值易耗品的管理

1. 负责记录监督低值易耗品的领用情况。

2. 负责每周清查在用低值易耗品（水杯、传真纸、硒鼓、墨盒等）的记录，及时申请购入。

注：具体管理参见《关于低值易耗品管理规定》。

九、公章管理

1. 确保公章的安全且上班期间公司人员均可按需盖章。

2. 严格执行“谁盖章、谁登记”的原则。

3. 保证用章质量，根据公章损耗情况向总经理提出重刻新章的建议。

注：具体管理参见《关于使用印件的管理规定》。

十、公司文件、资料的打印和管理

1. 负责公司文件、资料打印的指令下达和安排执行，并监督执行人在规定时间内完成；对打印文件中的不明确之处需立即请示，严禁擅自决定；严格消灭错别字。

2. 妥善保留公司文件、资料的草稿和历次修改稿，直至定稿归档。

3. 负责公司文件、资料的分类归档，可以公示的，置于方便查阅之处；需要保密的和销毁的，按相关规定办理。

十一、信息收集及信息手册的编制

1. 随时通过各种有效途径收集有关公司管理、公司业务方面的信息。

2. 经讨论、筛选后，以复印、剪贴、下载等有效方式保存信息，并将保存信息按类别及时间汇总到《公司信息》库中。

3. 及时排查整理信息，淘汰无用和失效的信息。

4. 摘录已系统化的信息，如项目和产品方面的信息，以一定的方式设计、排版，编纂成册，联系印刷，作为公司介绍资料的组成部分对外发放。

十二、政府管理机关年度检查等事项的办理

1. 工商年检。

2. 法人代码证年检。

3. 税务登记年检。

4. 其他检查。

十三、根据办公室工作运行情况，提请总经理针对具体问题修订旧的制度或制定新的制度。

十四、接受总经理的指令，完成其他交办任务。

写在后面的话

现代企业管理理论认为，人类企业的组织形式是由低到高发展的，从个人企业到合伙企业，再到有限责任公司，再到股份有限公司，最后到上市公司，依次递进。在这个发展过程中，人与人之间的陌生度越来越大，而对财产共有的程度却越来越高。

从一个人发展到上千万股东，这期间，最难的一环是跨越“合作”之槛。规则产生于合作之中，制度产生于合作之中，文明产生于合作之中。跨越合作之槛，在一定的意义上等于是跨越了一个时代。

在我国，受几千年文化与习惯的影响，近几十年来更受体制的影响，人与人之间的利益合作始终是不充分的，这个时代一直没有跨越过去。由于相应的土壤和条件不具备，我们的企业基本没有按照上述人类企业组织形式的发展规律来运行。

新中国成立前，商文化的发展虽极度缓慢，但毕竟有了一些萌芽。新中国成立后，由于国体政体的原因，我们的市场中，绝大部分的企业都是国有的。而国有企业内，所有的人既是国家的主人公，又是国家的雇员，没有利益的商量与合作问题，全部人员按照规定提供劳动，领取工资。

改革开放以来，有了一些私营企业，但大都是个体工商户和家族企业。个体工商户是一种单纯的生产单位，自己一人做主，没有合作的问题；而家族企业则主要依靠血缘和亲情关系来协调和处理相互利益，用不着制定公平的规则。完全是由“陌生人”组合的企业几乎没有大面积地生长过，而真正根据公平、互利、共赢的精神，通过订立合作契约来调整合作关系而成功的企业则更是凤毛麟角。就是家族企业，在因婚姻关系产生的外姓人进入后也有不少出现分裂，甚至衰亡。这其中的主要原因既有传统文化的影响，也有市场经济氛围的不浓厚等。

也正是由于土壤气候缺乏，没有培育商文化的基础，因此，相应的观念、语言、工具以及规范都不发达。我国早于《合伙企业法》出台了《公司法》，这在各国都是罕见现象。而且我国至今没有商法典，大量的商行为还只能按照民法通则中的一些基本规则调整。

商阶段的不充分发展，也影响人们的观念和行为方式，阻碍了文明的进化速度。“公平与诚信”是商行为中的最高法则，可以帮助人们规范自己的行为，也可以帮助社会建立起诚信体制。在一定的意义上可以这样说，商行为越发达的地方，文明程度越高，道德水平也高，社会也越诚信。因为人与人之间的利益实现，全凭着规则与信誉。而商行为不发达的地方，公平与诚信要依靠道德约束，一旦道德崩溃，公平诚信就会被权利、专制、血缘甚至罪恶等取代。在这种情况下，人们也很难有条件去学习和实践怎样与陌生人合作，从而导致人与人之间为了利益的合作尤为艰难，长久的利益合作更是不易。

本书力图从经济发展的自然规律角度，从社会中最小的市场单元——自然人开始，从自然人与自然人的利益合作开始，从小企业的起步开始，讨论一些最简单、最基本、最微小的利益合作关系问题，正视它们、分析它们、解决它们，使千千万万个小企业能正常长大，成为支撑民族的参天大树。

也有人对此有不同看法，认为国人原本就不善于合作，现在的计划生育政策造就了成千上万的独生子女，个个唯我独尊，更不具有与人合作的基因。而且目前世风日下，道德滑坡，我国以后的私人小企业恐怕只有两种类型了：或者自己当老板，或者开夫妻店，连家族店都因存有多种外姓的危险因素会越来越少，与外人合作开公司可能就更要绝迹了。你写这些东西还有用吗？

应该是有用的。学会与人合作，才能使自己长大。一个人是这样，一个企业是这样，一个国家也是这样。

人与人的合作应该是愉快的，也是能够成功的。

黄晓英

2012 年 10 月